Retha Mc Pherson

Eine Nachricht von Gott

Eine Botschaft von GOTT

Retha und Aldo Mc Pherson

Amerikanische Originalausgabe erschienen bei
DESTINY IMAGE® PUBLISHERS, INC.
P.O. Box 310, Shippensburg, PA 17257-0310
Unter dem Titel: a message from God

1. Auflage 2009
© media!worldwidewings
Bücher, Musik und NetTravel
Am Eichwald 17
61231 Bad Nauheim
www.worldwidewings.de
e-mail: media@worldwidewings.de

ISBN 978-3-9812211-3-8
Best.-Nr. 889083

Bestellungen sind an oben stehende Adresse zu richten.

Alle Bibelzitate wurden, wenn nicht anderweitig gekennzeichnet, der Revidierten Elberfelder Übersetzung, Brockhausverlag, 1985, entnommen.

Satz: type & print, Nürnberg
Übersetzung: Karin Hancock
Lektorat: Bettina Winter
Druckerei ARKA, Cieszyn, Polen

Ich möchte dieses Buch
Dwane und Anton im Himmel widmen.
Gott hat mir geholfen, eure Eltern zu finden.
Ich werde euch im Himmel wiedersehen.
In Liebe
Aldo

Auch möchte ich dieses Buch widmen:

Meinem himmlischen Vater und ihm für seine Liebe und Gnade in meinem Leben danken;
Jesus und ihm für sein kostbares Blut danken;
dem Heiligen Geist, meinem besten Freund, der mir Mut gibt.

Tinus und dir danken für deine Entschlossenheit und deine Geduld mit Aldo. Danke für alles, was du tust, um mir zu helfen. Sei dir bewusst, dass ich jede Kleinigkeit sehe und sie alle wertschätze. Wir haben uns viel an dich angelehnt und ich bin dankbar, jetzt mehr als je zuvor, dass dein Fundament stark ist. Nochmals danke!

Josh, du bist das Lachen in unserem Leben, der Sonnenschein mitten im Regen.
Ich liebe dich sehr!
Aldo, meinem Kämpfer!

Vorwort

Ich habe immer bekannt, dass ich Christin bin. Ich habe Gott immer gekannt. Ich glaubte an die Heilige Dreieinigkeit und habe auch Gott gedient.

Wenn ich jedoch jetzt zurückschaue, stelle ich fest, dass ich gerade mal ein gutes Leben geführt habe, gefüllt mit guten Taten. Ich kannte Gottes Charakter nicht wirklich und hatte keine Ahnung, was es bedeutete, Ihm völlig hingegeben zu sein – das ist das einzige Opfer, das aus Seiner Sicht jemals akzeptabel ist! Ich musste durch eine schreckliche Tragödie und enormes Leid, bevor ich endlich bereit war, Gott alles zu opfern, einschließlich meines Sohnes. Erst danach gab ich Ihm die Kontrolle über mein Leben und habe Ihn persönlich kennengelernt. All dieser Schmerz war so unnötig!

Jesus hatte den Preis schon voll und ganz bezahlt. Nachdem ich Ihm mein Leben als lebendiges Opfer gegeben hatte, konnte ich mit Gott im Einklang sein, das heißt, in einer Liebesbeziehung mit dem lebendigen Gott leben. Erst dann konnte ich sagen, dass es egal ist, ob ich lebe oder sterbe, solange ich Gott nur damit verherrlichte.

Im ersten Teil dieses Buches steht die Geschichte, wie aus einer Bilderbuch-Familie eine vollkommen zerbrochene Familie wurde, die sich verzweifelt an Gott und seine Verheißungen klammerte. Im zweiten Teil finden Sie beides, die Botschaften (Einblicke), die der Heilige Geist meinem Sohn Aldo gegeben hat, sowie auch meine eigenen Überlegungen zu diesen Themen. Gott, der auf wundersame Weise handelt, hat es ebenso gehandhabt, nämlich indem er gleichzeitig zu uns beiden, Aldo und mir, über dieselben Themen geredet hat. Ich glaube, dass das, was wir geschrieben haben, mit Gottes Wort übereinstimmt, und ich lade Sie ein, unsere Gedanken anhand des Wortes von Gott zu prüfen.

Was wir vor allem mit diesem Buch wollen, ist, Menschen zu sagen, dass Jesus lebt! Er ist ein großer und wunderbarer Gott, der Ihr ganzes Leben will, nicht nur Ihr Herz, und er kommt zurück zu einer makellosen Braut: zu denen, die Ihm ihr Leben als lebendiges Opfer hingeben. Aldo und ich möchten, dass Sie wissen, dass Gott heutzutage immer noch Wunder tut, und dass Er Sie mit Seinem Heiligen Geist erfüllen und eine Liebebeziehung mit Ihnen haben möchte.

Sie halten heute nicht bloß ein Buch in Ihren Händen, sondern Sie sehen eine Botschaft aus dem Herzen unseres Vaters, die bestimmt ist für jeden, der sie liest. Wer Ohren hat, der höre, was der Geist den Gemeinden sagt.

Ich bete, dass der Geist Gottes in Ihnen erwacht und Sie fühlen, wie er in Ihnen brennt, wenn Sie dieses Buch lesen. Wenn Sie Gott suchen, weiß ich, dass Sie ihn finden werden, denn Er verspricht: „Die, die mich suchen, werden mich finden."

Lange Zeit dachte ich, es wäre die Aufgabe meines Mannes, mich glücklich zu machen. Aber die Wahrheit ist, dass kein Mensch Sie völlig glücklich machen kann. Nur Jesus kann das für Sie tun. Er ist die ANTWORT auf alle Fragen, die LÖSUNG für alle Probleme, die ERFÜLLUNG für all Ihre Nöte und Wünsche. Er ist ALLES für ALLE! Ich habe versucht, meinen Durst mit allen möglichen Dingen zu löschen wie Perfektionismus, Ruhm, Wohlstand und Erfolg. Aber jetzt, nachdem das Feuer des Heiligen Geistes mich von innen heraus gereinigt hat, weiß ich, dass Jesus die Quelle lebendigen Wassers ist. Er ist der Einzige, der meinen Durst für immer löschen kann.

Jesus möchte uns mit dem Heiligen Geist taufen. Das Wort aus 1. Kor. 3,13 lehrt uns, dass das Werk jeder Person durch Feuer getestet wird, und das Feuer wird den Charakter und Wert der Arbeit offenbaren, die jeder getan hat. Wenn Sie im Heiligen Geist getauft sind und sein Feuer empfangen, erfahren Sie die Fülle Gottes. Erst dann können Sie ein Licht in der dunklen Welt sein.

Gott wirkt im Leben von Menschen, damit sie reinen Herzens sein können und sich Ihm völlig hingeben.

Heute kann ich einfach nicht genug von Gott bekommen. Ich möchte möglichst jede Minute im Gebet verbringen, Ihn preisen und ehren. Man muss im Geist wiedergeboren werden, nämlich erst nachdem Sie mit dem Heiligen Geist erfüllt sind, werden Sie in der Lage sein, ein Leben im Überfluss zu leben, von dem Jesus in Joh. 10,10 gesprochen hat.

Dieses Leben im Überfluss hat wenig mit Ihrem Bankguthaben oder materiellem Wohlstand zu tun. Einfach gesagt bedeutet es, ein Leben erfüllt mit Gott zu führen. Ich glaube, dass die Leitsätze, die ich im zweiten Teil dieses Buches aufgeschrieben habe, nicht nur das wiedergeben, was Aldo geschrieben hat, sondern auch Richtlinien für jeden Gläubigen sein sollten, der sich entschieden hat, den Weg mit Jesus gehen.

Eines sollte Ihnen bewusst werden: Jesus lebt!

TEIL 1

UNSERE GESCHICHTE

LEBE DEINEN TRAUM

Das Jahr 2004 war vielleicht das beste Jahr in meinem Leben. Alles lief wie am Schnürchen, und ich war erfolgreich mit allem, was ich begann.

Ich hatte mein Leben lang versucht, Gott zu dienen und hatte alles, was ich tat, mit Herz und Seele gemacht. Ich dachte dabei, dass ich mit meinem Lebensstil in Übereinstimmung lebte, wie man als ein Christ leben sollte. Ich vermutete, dass ich meinen Erfolg der Tatsache zu verdanken hatte, dass ich immer mein Bestes gab. Aber Gott würde mir schon die Torheit dieser Art zu denken vorführen.

Als ich eines Tages am Strand saß, sprach Gott zu mir und sagte: „Retha, der Löwe von Juda lebt in dir.“ Weil ich noch so sehr von dieser Welt war, dachte ich, dass Gott mir sagen wollte, dass es da noch etwas mehr für mich gäbe und ich noch härter arbeiten müsse, um es zu erreichen. Ich müsse die Messlatte noch höher setzen und mich noch mehr anstrengen, denn schließlich hatte Er mir die Fähigkeit gegeben, dies zu tun. Aber das war nur die halbe Wahrheit: Ja, der Löwe von Juda lebt in uns und ja, Gott möchte, dass wir das absolut Beste in allem geben, aber wir können es nicht durch die größten Anstrengungen erreichen. Es ist ein Geschenk Gottes. Zum damaligen Zeitpunkt meines Lebens bedeutete für mich, das Beste von Gott sei die Quantität und Qualität von materiellen Besitztümern, die ich sammeln konnte, also materieller Wohlstand! Je härter ich arbeitete, desto mehr ich haben würde, umso größer würde das Zeugnis von Gottes Güte und Wohlwollen in meinem Leben sein!

Ich ging in die Kirche und war Mitglied einer Erneuerungsgemeinde. Wir waren religiös, aber geistlich tot. Da war ein Vakuum in mir, und ich wusste nicht, wie ich es füllen könnte. Ich suchte verzweifelt danach, was in meinem Leben fehlte. Ich tat alles, was mir einfiel, um diese innere Leere zu füllen: Bibelgruppen, Freizeiten, Frauencamps. Aber nichts von all dem bewirkte meine völlige Hingabe. Es schien, dass ein geistlich erfülltes Leben, ein Leben im Überfluss, immer außerhalb meiner Reichweite war. *„Leben in Fülle“*, auf das sich Johannes 10,10 bezieht, war für mich keine Wirklichkeit.

Meine harte Arbeit brachte Frucht hervor. Anfang 2004 wurde ich aufgefordert, sowohl ein Seminar als auch einen Kongress in Kanada und New York als Imageberaterin zu halten. Ich erinnere mich, dass es schneite und ich in Kanada auf einer Parkbank saß. Ich sah einen Baum, der alle Blätter verloren hatte, seine starken, nackten Arme zum Himmel hebend. Die Szene war in brillantes Weiß eingehüllt, und völlige Stille umgab mich.

Da hörte ich die Stimme vom Geist Gottes klar zu mir sprechen: „Retha, ich will dein Leben.“ Unwissend und arrogant antwortete ich: „Herr, mein Herz gehört dir schon seit Jahren, was meinst du?“

„Ich möchte nicht dein Herz. Du hast es schon vielen Menschen gegeben. Ich möchte dein ganzes Leben, dein Wesen, alles, was dich ausmacht.“

Ich war fassungslos und konnte nur vor mich hinstarren. Ich habe schon so oft versucht, ein besseres Leben zu führen, dachte ich. Die einzige Antwort, die mir einfiel, war: „Herr, ich würde dir gerne mein Leben geben, aber ich weiß einfach nicht, wie ich das machen soll.“

Mein Mann Tinus und mein ältester Sohn Aldo, der gerade 12 Jahre alt war, begleiteten mich nach New York. Wir haben uns Sehenswürdigkeiten angeschaut und das Gebäude der Vereinten Nationen besucht. Dort fiel mir ein Riesenmosaik auf, das alle Nationen, Völker und Sprachen der Welt darstellte. Mein Geist war sofort bewegt, als ich es sah. Er sagte mir: „Alle zerbrochenen Einzelteile deines Lebens sind nichts mehr als ein schönes Mosaik deiner Zukunft." Ich kniete mich hin und schrieb diese Worte auf meine Eintrittskarte. Dann habe ich das Bild fotografiert, von dem ich noch nicht wusste, von welcher Bedeutung es in den kommenden Tagen meines Lebens sein würde. Und Aldo stand daneben.

Aldo war ein typischer Teenager seiner Zeit. TOYS"R"US (ein Spielzeugladen) war in New York sein Lieblingsaufenthalt. Zu Hause spielte er Kricket und Fußball oder fuhr auf seinem Quad. Er war ein gewöhnlicher Teenager. Diente er Gott? Nun, er ging regelmäßig zu einem Jugendgottesdienst und war kurz vor dem Unfall noch in einem Jugendcamp. Als er von dem Camp zurückkam, hat er sogar bestätigt, dass er Jesus als seinen persönlichen Retter angenommen hatte. Immer wenn ich ihn fragte, wie der Jugendgottesdienst war, hielt er beide Daumen nach oben und sagte, mit einem Lutscher im Mund: „Es war klasse!"

Nachdem Aldo geboren war, beteten wir jahrelang für ein weiteres Kind. Als Aldo vier Jahre alt war, gab uns Gott ein prophetisches Versprechen durch einen farbigen Mann, Louis Maphungu, dass wir ein weiteres Baby haben würden und es ein Junge sein werde. Wir mussten noch sechs Jahre warten, bis Josh zur Welt kam. Letztendlich waren meine beiden Jungen zehn Jahre auseinander. Aber ich weiß, dass Gottes Zeitplan immer perfekt ist, auch wenn wir meistens nicht damit übereinstimmen. Josh war auf unserer USA-Reise im Jahr 2004 erst zweieinhalb Jahre alt.

Etwas später in diesem Jahr wurde ich zur Mrs. Südafrika gekürt. Dies öffnete mir viele Türen und war sehr gut für mein Geschäft. Im Innersten meines Herzens wusste ich, dass es dafür einen Grund gab, warum ich diesen Titel bekam. Als wir von New York zurückkamen, musste ich im Staatstheater eine Ansprache in meiner amtlichen Funktion als Mrs. Südafrika halten. Mir war bewusst, dass mir hier eine größere Plattform gegeben war und überlegte mir das Thema für meine Rede sehr gründlich. Ich fragte Gott, worüber ich reden sollte, und Er erinnerte mich an die Botschaft, die Er mir in New York gegeben hatte.

Also verglich ich unser Leben mit Tontafeln: Kunstwerke, die wir täglich verbessern. Wir alle malen unsere eigene Tafel. Während einige unserer Tafeln hell und wunderschön sind, voll Farbe und Leben, sind andere düster mit grauer und dunkler Farbe, die ein unerfülltes Leben anzeigen. Noch wichtiger ist jedoch, was passiert, wenn dir eines Tages deine kostbaren Tafeln aus den Fingern gleiten und zu deinen Füßen in Stücke zerbrechen. Egal, welche Farbe deine Tafel hat, wenn sie zerbrochen ist, wirst du dich hinknien, um den Schaden zu ermessen. Dich zu den zerbrochenen Scherben deines Lebens hinzuknien, ist eine automatische Reaktion. Jeder kniet sich hin und hebt die Teile auf. Mit Hilfe des Heiligen Geistes wird er das Bild neu gestalten, indem er die Scherben zu einem neuen Mosaik zusammenklebt. Denn „all die zerbrochenen Teile deines Lebens sind nichts mehr als ein schönes Mosaik deiner Zukunft". Ein Anderer kniet sich in die Scherben, die er verursacht hat. Auch er sammelt die Teile auf, aber dann setzt er sich hinein – und das ist seine Niederlage. Die Scherben verletzen ihn und er blutet. Jedesmal, wenn du vorbeikommst, siehst du ihn immer noch in den Bruchstücken seines Lebens sitzen, blutend. Er gibt sich seinem Schmerz hin und ist erfüllt von Bitterkeit.

Heute weiß ich, was mir damals allerdings noch nicht bewusst war, dass es im Leben immer wieder darum geht, Entscheidungen zu treffen.

Gott gab uns den freien Willen, so dass wir wählen können. Du kannst wählen, aus deinen Bruchstücken ein neues Bild zu formen, indem du auf die Hilfe des Heiligen Geistes wartest, oder du kannst Selbstmitleid wählen und verbittern.

Als ich an diesem Abend sprach, merkte ich, wie bewegt mein Publikum von meiner Rede war. Auf dem Nachhauseweg staunte ich darüber, dass ich das Thema eigentlich nicht kannte, von dem ich geredet hatte. Mein Leben war so perfekt. Ich hatte eine wunderbare, liebevolle Ehe, zwei bewundernswerte gesunde Kinder und ein erfolgreiches Geschäft. Ich war gerade in mein Traumhaus eingezogen, ich fuhr ein nagelneues Auto mit Vierradantrieb und wurde zur Mrs. Südafrika ernannt! Was für eine wunderschöne farbenreiche Tafel!

Ich lebte diesen Traum und sprach weiterhin im ganzen Land. Nach einer solchen Veranstaltung kam ich von Port Elizabeth nach Hause zurück, und Tinus holte mich vom Flughafen ab. Wir fuhren direkt zum Zonderwater-Gefängnis (in der Nähe von Pretoria), wo ich eine Ansprache halten sollte. Ich hatte nicht wirklich eine besondere Rede für Zonderwater vorbereitet. Deshalb ärgerte ich mich ziemlich über Tinus, als er mich fragte, worüber ich an diesem Abend reden würde. Ich sagte lapidar: „Du weißt doch, wie diese Leute im Gefängnis sind." Ich hatte keine Ahnung, dass Gott an diesem Abend eine besondere Verabredung mit mir haben würde.

Die Veranstaltung wurde zu einem besonderen Ereignis, an dem mehrere Geistliche teilnahmen. Einer der Gefangenen gab sein Zeugnis, bevor ich mit meiner Rede begann. Er war früher Geschäftsmann und war wegen eines Wirtschaftsverbrechens verurteilt worden. Es war herzzerreißend anzuhören, wie seine Familie darunter litt und seine Kinder ihren Mitschülern erzählen mussten, dass ihr Vater im Ausland war. „Aber der Mann, den Sie heute abend hier sehen, ist viel glücklicher als zuvor. So fröhlich war ich noch nie", bezeugte er. Dann dankte er Gott, dass er es zuließ, dass er ins Gefängnis musste, „... weil ich hier Gott gefunden habe. Hier habe ich den König der Könige gefunden und kennengelernt." Ich erinnere mich, dass mir 1. Thessalonicher 5,18 einfiel: *„Sagt in allem Dank! Denn dies ist der Wille Gottes in Christus Jesus für euch."* Er führte weiter aus, dass es ihm wie Schuppen von den Augen fiel und er die Wahrheit erkannte. Er lud Christus in sein Leben ein und wurde frei.

An diesem Punkt liefen mir nur so die Tränen die Wangen hinunter. Jetzt wurde der Spieß herumgedreht: Ich hatte wirklich keinen blassen Schimmer davon, wie die Leute im Gefängnis sind. Tinus wollte wissen, warum ich so neben mir stand.

„Dieser Mann hat etwas, was wir nicht haben", sagte ich.

„Was, einen orange-farbenen Overall?" fragte Tinus, um mich aufzumuntern.

Der Gefangene hatte den Frieden Gottes, der alle Vernunft übersteigt, und das war es, was ich wollte, obwohl ich es damals noch nicht definieren konnte. Ich sagte Tinus, dass ich in diesem Mann die Herrlichkeit Gottes sehen konnte, und dass er das hatte, was ich mir mehr wünschte als alles andere.

Als ich zu reden begann und die Zuschauer fragte, ob sie auch so sehr von dem Zeugnis dieses Mannes angetan waren, hoben nur wenige ihre Hand. Ich vermutete, sie waren skeptisch, dass Gott einen Mann so verändern konnte ...

Ich weinte auf dem ganzen Nachhauseweg. Meine Tränen spritzten nur so gegen die Autoscheibe. Tinus war still, was sollte er auch sagen? Als wir zu Hause waren, kniete ich mich hin und betete. „Sohn Davids, hab' Erbarmen mit mir. Hilf mir, Herr, ich möchte genauso sein wie der Mann im Gefängnis."

„Was ist der Preis, Herr? Ich bin bereit, ihn zu zahlen."

„Du musst mir dein Leben geben. Ich will dein Leben."

Plötzlich erinnerte ich mich an die Parkbank, auf der ich in Kanada im Schnee gesessen hatte. Auch dort hatte mich Gott um mein Leben gebeten.

Mir wurde bewusst, dass ich immer versuchte, mir meine Erlösung zu verdienen. Jetzt sagte Jesus, dass er das nicht wolle. Ich müsse ihm die Kontrolle über mein Leben übergeben.

„Okay, Herr", sagte ich. „Hier hast Du mein Leben. Zeige mir nur, wie ich es machen soll."

Es ist ironisch, dass ich als Mrs. Südafrika so viele Möglichkeiten hatte, Zeugnis abzulegen, aber nicht wusste, wie man das macht. Irgendetwas fehlte immer.

SCHERBEN

Am folgenden Samstag musste ich in Free State (Provinz in Südafrika) sprechen. Weil wir immer versuchten, die ganze Familie in unsere Veranstaltungen mit einzubeziehen, fuhren wir gemeinsam dorthin. Auf dem Rückweg hielten wir an einer Tankstelle an. Aldo kaufte fast alle Süßigkeiten im Laden. Obwohl ich das normalerweise nicht erlaubte, ließ ich ihn an diesem Abend gewähren. Als wir weiterfuhren, gab Aldo uns von seinen Süßigkeiten und sprach aufgeregt von diesen neuen Bonbons, die jetzt auf dem Markt waren. Er war so munter und erzählte so aufgeregt, dass er vergaß, sich anzuschnallen, genauso wie Josh.

Wir hatten gerade die Tankstelle hinter uns gelassen, als meine kostbare Tontafel aus den Händen fiel und in Millionen Stücke zerbrach.

Wir fuhren den Berg hinunter, als plötzlich ein Fahrzeug vor uns auf der Straße stand. Es hatte keine Scheinwerfer an, und nichts konnte uns warnen. Es erschien wie aus dem Nichts. Wir schrieen alle: „Pass auf!“ Aber es war zu spät. Tinus konnte nicht nach rechts ausweichen, weil wir dort mit dem schnellen Gegenverkehr kollidiert wären. Er konnte auch nicht geradeaus fahren, weil wir dann mit aller Wucht in das stehende Fahrzeug gefahren wären und wir höchstwahrscheinlich sowohl dessen Insassen wie auch uns selber getötet hätten. Die einzige Möglichkeit war der tiefe Bach auf unserer linken Seite.

Der Aufprall war gewaltig. Als wir auf den Wasserlauf prallten, überschlugen wir uns mehrere Male. Ich wurde bewusstlos. Sobald ich wieder zu mir kam, versuchte ich, aus dem Auto herauszukommen. Ich stolperte über das Wrack und fiel auf die Teer gedeckte Straße. Wieder hörte ich Gott sagen: „All die zerbrochenen Teile deines Lebens ist nichts mehr als ein wunderschönes Mosaik deiner Zukunft.“ In diesem Moment wusste ich genau, worüber ich vor ein paar Tagen gesprochen hatte.

„Oh, Gott, nein! Das nicht! Das nicht!“ schrie mein Geist.

Ich fand Tinus, konnte aber die Kinder nicht finden. Wie wahnsinnig fingen wir im Dunkeln an, nach ihnen zu suchen und riefen voller Angst ihre Namen.

Nicht nur meine Stimme, sondern mein ganzer Körper rief nach meinen Kindern. Trotz des Lärms des Verkehrs auf der Straße, hörte ich einen ganz schwachen, kläglichen Laut. Ich glaube, das kam daher, weil all meine Sinne, mein ganzes Wesen völlig auf meine Kinder konzentriert waren.

Hätte ich mich doch nur so auf Gott konzentriert, als Er in Kanada zu mir sprach! Die erste Lektion, die ich an diesem Abend lernte, war, dass sich mein Wesen nicht auf Ihn konzentriert hatte.

Obwohl Gott zu mir sprach, hörte ich nicht zu und konnte deshalb nicht wirklich verstehen, was der Geist mir sagte. Offenbarung 3,13 ist für jeden Christen so wichtig: *„Wer ein Ohr hat, höre, was der Geist den Gemeinden sagt!“*

Wir hörten Josh weinen. Erleichterung und Angst kämpften in meinem Herzen. Gott sei Dank hatte er nur ein paar Kratzer am Kopf. Jeder, der an der Unfallstelle stehen blieb, half uns, nach Aldo zu suchen. Aber keiner konnte ihn finden. Ich schrie wieder seinen Namen, während ich gleichzeitig dafür betete, dass das Blut Jesu meine Kinder schütze. „Das Blut Jesu, das Blut Jesu.“ Ich wiederholte es immer wieder.

Gottes Geist führte mich auf die andere Seite der Schnellstraße. Sogar jetzt schmerzt es noch, wenn ich mich daran erinnere. „Da drüben wird er nicht sein, Retha, das ist zu weit weg“, rief Tinus mir zu. In diesem Moment stolperte ich und fiel über Aldos Körper. Meine Hände tasteten schnell seinen verletzten Körper ab. Ich tastete nach seinem Kopf. Sein Schädel war gebrochen. Heißes Blut tropfte aus seinen Ohren. Ich fühlte nach seinem Puls, und als ich keinen finden konnte, riss ich seine dicke Schneejacke auf, die wir in Kanada gekauft hatten. Ich legte mein Ohr auf seine Brust, in der Hoffnung, einen Herzschlag zu hören. Da war keiner.

Es spielt wirklich keine Rolle, wer du bist
oder wieviel Geld du hast.
Gott allein bestimmt über Leben und Tod.

Ich fühlte das Leben meines Kindes durch meine Finger gleiten und war absolut machtlos, es zu verhindern.

Er ist der Einzige, der Leben gibt, aber Er nimmt es auch wieder. Ich hatte so eine furchtbare Angst, dass mein Sohn sterben würde.

Ein Auto näherte sich uns. Ich wusste instinktiv, dass ich aufstehen musste, damit man uns bemerkte. Die Scheinwerfer waren grell, durchdrangen die Nacht und schienen direkt in meine Augen. Ich fühlte, dass mein ganzer Körper seltsam zitterte. Er verkrampfte sich. Dann umhüllte mich eine Wärme und ein übernatürlicher Friede, den ich nicht erklären konnte, erfüllte mich, inmitten all dieser Furcht, dem Schmerz und der Angst.

Ich rief Tinus und zeigte ihm, wo ich Aldo gefunden hatte. Das Notdienstpersonal eilte herbei und kümmerte sich um ihn. Ein Rettungshubschrauber wurde gerufen. Die Sanitäter machten ein Loch in seine Lungen, weil sie kollabiert waren. Sie verbanden seinen Kopf. Sie versicherten uns, dass sie qualifiziert und kompetent waren und fügten hinzu, dass Aldo schwer verletzt war.

Aber würde er überleben?

Sie konnten es nicht sagen.

DIE FRÜCHTE DER ZUNGE

Viele Autos waren stehen geblieben, die einen, weil sie neugierig waren, die anderen, um Hilfe anzubieten. Ein Wagen kam besonders schnell auf uns zu und hielt nur wenige Meter vor uns an. Ein Farbiger stieg heraus. Ich hatte Angst und fragte mich, was er wohl vorhatte. Aber dann fing er an, lauthals zu schreien: „Im mächtigen Namen Jesu, dieser Junge wird leben und nicht sterben! Dieser Junge wird leben und nicht sterben!" Er wiederholte diese Erklärung einfach immer wieder. Weil er so laut schrie, versuchten die Sanitäter, ihn auf die Seite zu schieben. Aber er hörte nicht auf. Ich war verwirrt, und mein Geist rief: „Wo bist Du, Herr?" Was war Seine Antwort? „Schau dir diesen Mann an. In diesem Moment führt er meinen Willen aus."

Später fanden wir heraus, dass dieser Mann, der der Erste war, der Leben über meinem Sohn ausgesprochen hatte, ein Pastor aus Nigeria war, der die falsche Ausfahrt genommen hatte, als er auf die Unfallstelle zukam. Wir haben heute noch Kontakt zu ihm und staunen immer wieder über die seltsamen Wege, die Gott geht.

Heute weiß ich, dass Gott mit uns war. Gott war mitten unter uns. Ich fühlte mich wie Mose, der fragte, als ihm seine menschliche Schwäche bewusst wurde: „Wo bist Du?“ Gottes Antwort in 2. Mose ist, dass Er in der schwersten Zeit unseres Lebens mit uns ist.

Der Hubschrauber landete, und Aldo wurde in ein Krankenhaus nach Johannesburg gebracht. Die Notoperation dauerte vier Stunden. Als der Arzt endlich herauskam, waren die Neuigkeiten, die er uns berichtete, nicht gut. Er sagte, dass Aldo mehrere Gehirnverletzungen erlitten hatte. Das Stammhirn, der mittlere und linke Teil, sowie der Hauptteil des Gehirns, waren alle beschädigt. Er konnte uns nicht versprechen, dass Aldo überleben würde und noch viel weniger beurteilen, ob er wieder vollständig gesund werden würde.

Sie schlossen Aldo an ein Lebenserhaltungssystem in der Intensivstation an. Wir wussten, dass die Chance für Aldo sehr gering war, etwas anderes zu sein als schwerbehindert. Sein Leben hing an einem seidenen Faden. Die Chance, dass seine Organe versagten, war hoch. Mein Kind lag in einem gläsernen Raum in der Intensivstation! Sein Kopf war entsetzlich angeschwollen und mit Monitoren verbunden, um die Blutungen im inneren Hirn zu überwachen, die ständig mehr wurden. Sobald die Hirnblutung zunahm, wurde Alarm ausgelöst. Es war nervenaufreibend. Wir schauten durch das Glas und ließen keinen Blick von den Monitoren und Kurven.

Obwohl es der schlimmste Tag unseres Lebens war, war ich trotzdem ruhig. Tinus und ich sprachen nicht viel. Wir kämpften mit unseren Gedanken, unseren Selbstvorwürfen und unserer Schuld. Nichts, was ich sagte, tröstete Tinus. Er und Aldo waren sich immer sehr nahe, und er fühlte sich für den Unfall verantwortlich. Total verzweifelt sagte er dauernd, dass es sein Fehler war. Ich leugnete das und sagte ihm, dass er das auf der Straße stehende Fahrzeug nicht abgestellt hatte, er hatte nicht wissen können, dass es da stand, und dass er das Beste, was er unter diesen Umständen hätte tun können, getan hatte.

Aber es brachte nichts. Tinus gab sich selber die Schuld, weil er Aldos Vater war und weil er gefahren war. Der Feind, der umher geht wie ein brüllender Löwe (1. Petrus 5,8) hatte Tinus überzeugt, dass er schuldig war, und Tinus glaubte dieser Lüge.

Aber ich gab mir auch Schuld. Satan versuchte, mir einzureden, dass wir es nicht wert waren, Kinder zu haben. Schau mal, was unseren Kindern meinetwegen passiert ist, dachte ich. Wenn ich doch nur alleine zu dem Vortrag gegangen wäre, dann wären die Kinder sicher zu Hause gewesen. Wenn ich doch nur strenger gewesen wäre, was das Anlegen des Sicherheitsgurts betraf. Und so kämpften Tinus und ich uns durch die längste Nacht unseres Lebens. Später ging ich dann zu Josh, der zur Beobachtung aufgenommen worden war, und Tinus blieb bei Aldo.

War der Unfall Gottes Wille? Nein, aber ich glaube, er ließ ihn zu. Aus der Schrift weiß ich, dass kein Haar von meinem Kopf fällt, ohne dass Gott es weiß. Also muss Gott von dem Unfall gewusst haben, bevor er passierte, aber Er ließ es zu, um seine Absichten auszuführen.

Mir wurde bewusst, dass, wenn ich nicht aufpasste, der Unfall mein Leben beherrschen würde und ich dann nicht mehr Gott dienen könnte.

Ich fand Trost in 2. Chronik 16,9: „*Denn des HERRN Augen durchlaufen die ganze Erde, um denen treu beizustehen, deren Herz ungeteilt auf ihn gerichtet ist. Hierin hast du töricht gehandelt. Darum wirst du von nun an Kriege haben.*“ Deshalb weiß ich, dass Gott in unserem Leiden mit uns war und in unserem Leid immer noch mit uns ist.

Wir verbrachten die nächste Woche damit, von einem Arzt zum anderen zu gehen, um einen Strohhalm zu finden, an den wir uns klammern konnten. Die Ärzte taten, was sie konnten: Sie legten einen Schlauch in Aldos Magen und eine künstliche Luftröhre in seinen Hals. Er hatte das Schlüsselbein und einige Rippen gebrochen. Seine Augen waren bewegungslos und zugeschwollen. Es ist paradox, aber im ganzen Gesicht hatte er keinen blauen Fleck.

Wir wurden überschwemmt mit Briefen, E-Mails und Mitteilungen von Menschen aus dem ganzen Land, die mit uns fühlten. Ich war überwältigt von so viel Liebe und Unterstützung. Da war sogar ein Brief von Nelson Mandela, in dem er uns ermutigte, stark zu bleiben. Jetzt ist mir bewusst, dass die Menschen in Südafrika, Menschen, die sich wirklich um uns sorgten, uns durch diese Prüfung hindurch getragen haben.

Nachdem wir eine Woche gegenüber der Intensivstation in einem Zimmer verbracht hatten, schlug Tinus vor, dass ich nach Hause gehen sollte, um Zeit mit Josh zu verbringen, der mich in dieser Zeit kaum gesehen hatte und der mich ebenfalls brauchte. Aber als ich an diesem Freitagabend das Krankenhaus verließ, hatte ich Angst, nach Hause zu gehen, Angst, Aldo würde sterben. Hiob 3,25 warnt uns, dass das, wovor wir uns fürchten, eintreten wird. Aus eigener Erfahrung weiß ich, dass das stimmt. Ich hatte immer Angst davor, dass meine Familie und ich einen Autounfall haben würden und dass meine Kinder verletzt würden. Oft habe ich das auch laut ausgesprochen. Sobald Tinus auf unseren Ausflügen nur ein wenig zu schnell fuhr, hielt ich ihm immer vor, dass, wenn uns etwas passieren würde, er dafür verantwortlich wäre. Jetzt kamen meine Worte zurück, um mich zu verfolgen – und Tinus.

Durch diese Angst und dass ich sie ausgesprochen hatte, habe ich unabsichtlich dem Teufel eine Tür geöffnet, uns anzugreifen.

In 2. Korinther 10,5 sagt Gott: „… *wir zerstören überspitzte Gedankengebäude und jede Höhe, die sich gegen die Erkenntnis Gottes erhebt, und nehmen jeden Gedanken gefangen unter den Gehorsam Christi.*" Seitdem bekannte ich mich zu diesen Ängsten und Gedanken und legte sie in die Hand Jesu.

Ich ging mit einem Herzen voller Furcht nach Hause. Am Samstagabend saß ich mit Josh in meinen Armen auf dem Schaukelstuhl und freute mich, dass mein Jüngster die Tortur, außer einem kleinen Kratzer an seinem Kopf, ziemlich unverletzt überstanden hatte. Er erzählte in allen Einzelheiten von seinem Unfall, und betonte, dass sich das Auto immer wieder überschlug. Dann sagte er, dass Jesus ihn aufgefangen hatte, als er durch die Luft flog. Hätte er das, in seinem Alter, wirklich erfinden können?

Als Josh eingeschlafen war, schossen mir die Tränen in die Augen. Zum ersten Mal, seit dem Unfall, weinte ich. Und als ich erst einmal anfing, konnte ich nicht mehr aufhören. Später dachte ich, mein Kopf würde vor Schmerzen zerspringen und ich fragte mich, wie Aldo wohl unter seinen Kopfverletzungen leiden müsste. Ich stolperte weinend durch das stille Haus. Aldos Zimmer war aufgeräumt. Sein Fußball lag auf dem Bett, und sein Ranzen war genau da, wo er ihn am letzten Freitag nach der Schule abgestellt hatte. Ich konnte die Stille im Haus nicht ertragen und weinte und weinte.

Endlich schlief ich ein. Ich hatte einen sehr unruhigen Traum. Ich träumte, dass ich neben Aldo an seinem Krankenbett stand. Seine Finger wurden schwarz und fingen an zu schrumpfen. Was ich befürchtet hatte, passierte jetzt. In meinem Traum spreche ich mit Aldo und sage ihm, dass ich sehen kann, dass er stirbt. Ich sage ihm, dass ich ihn gehen lasse, damit er zu Jesus gehen kann, da ich ja wusste, dass er Jesus in dem Jugendcamp angenommen hatte. Dann antwortet mir Aldo und sagte: „Mama, sag' das nicht. Sprich Leben über mir aus. Sprich Leben aus."

Ich erinnerte mich daran, wie wir uns jeden Morgen verabschiedeten, wenn er zur Schule ging. Er hatte seinen Rucksack über die Schulter geworfen, und ich fragte ihn nach unserem Losungswort. Und er würde sagen: „Güte und Barmherzigkeit werden mir sicher alle Tage meines Lebens folgen. Hab' dich lieb." Wenn er am Nachmittag aus der Schule zurückkam, würden wir dieses Ritual wiederholen. „Güte und Barmherzigkeit werden mir sicher alle Tage meines Lebens folgen. Hab' dich lieb." So war es für Aldo also nicht so ungewöhnlich, mich zu bitten, Leben über ihn auszusprechen. Das hatten wir immer getan.

In meinem Traum sagte ich darauf: „Du wirst leben und Leben haben in Hülle und Fülle." Ich wiederholte es ständig, bis es zu einem Refrain wurde.

Johannes 10,10 fiel mir dann ein: *„Der Dieb kommt nur, um zu stehlen und zu schlachten und zu verderben. Ich bin gekommen, damit sie Leben haben und es in Überfluss haben."*

Damals war es mir nicht bewusst, aber ich habe diese Wörter nicht bloß nur so dahingesagt. Ich habe Leben über seine Seele ausgesprochen. Nach einer Weile konnte ich sehen, wie die Farbe in seine Lippen und seine Finger zurückkehrte. Dann fing er an zu weinen. Sein Weinen weckte mich am Sonntagmorgen, obwohl ich zu Hause war, und mein Kind weit weg im Krankenhaus lag. Es war auch das letzte Mal, dass ich ihn jemals weinen hörte. Der Unfall ist jetzt drei Jahre her, und bis heute habe ich ihn kein weiteres Mal weinen gehört. Manchmal macht er ein ulkiges, kleines Geräusch. Dann weiß ich, dass er jetzt weint.

Von Aldos Weinen aufgewacht setzte ich mich auf. Ich war verwirrt. Ich wusste nicht, was mir geschah. Ich wusste nicht, dass Gott auch heute noch in Träumen mit seinen Kindern redet. Aber Er tut es. Er spricht zu uns durch Sein Wort, durch Träume, Visionen, Natur und Menschen. Natürlich spricht Gott ständig zu uns, aber wir hören Ihm nicht immer zu. Wir haben uns nicht auf Ihn eingestellt und können die sanfte Stimme des Heiligen Geistes nicht hören, die zu uns flüstert. In Jesaja 59,1 sagt Gott, dass Seine Arme nicht zu kurz sind, uns zu retten und Sein Ohr nicht taub ist, um unsere Bitten zu hören. Die Gegenwart der Sünde in unserem Leben ist wie eine Mauer zwischen Gott und uns, die uns davon abhält, seine Stimme zu hören.

Wenn Leute sagen, sie haben das Gefühl, dass ihre Gebete nur bis zur Decke reichen, weiß ich, dass das nicht stimmt. Es ist nicht die Decke, die dich davon abhält, in Kontakt mit Gott zu treten. Es ist die Sünde, jene Dinge, die in unseren Augen bedeutungslos erscheinen wie Eifersucht, Bitterkeit, dein eigener starker Wille und Stolz. Gott hasst Stolz.

Nach meinem Traum konnte ich nicht warten, bis der Tag anbrach. Ich habe Josh sehr früh fertig gemacht, und wir gingen direkt zum Krankenhaus. Dort fand ich Tinus im Flur. Aus lauter Trauer weinte er bitterlich. Ich fragte ihn nach dem Grund, und er antwortete: „Beinahe hätten wir Aldo heute morgen gegen zwei Uhr verloren." Ich erzählte ihm von meinem Traum und dass ich dadurch wusste, wie sich alles abgespielt hatte. Ich konnte sehen, dass Tinus schockiert war und mir nicht glaubte. Ich möchte meinen Mann nicht abwerten, wenn ich dies sage, aber wir beide waren immer noch geistlich tot und bis jetzt hatten wir noch nie solche Erlebnisse mit dem Heiligen Geist gehabt. Vor dem Unfall waren wir blind, aber jetzt können wir sehen. Wir waren vorher tot, aber jetzt leben wir! Ich danke Gott, dass Er unseren Geist durch dieses Unglück berührt und uns erweckt hat, für Ihn offen zu sein. Ich nehme an, Er hatte schon damit begonnen, das wunderschöne Mosaik unserer Zukunft wieder aufzubauen.

Jetzt erzählte ich Tinus alles über meinen Traum, und wie Aldo mich bat, Leben über ihn auszusprechen. Ich erzählte ihm, wie seine geschrumpften, schwarzen Finger wieder anfingen zu wachsen und wie seine Lippen wieder Farbe annahmen, als ich Leben über ihn aussprach und dass er Leben haben würde im Überfluss. Tinus stimmte zu, dass wir von nun an nur noch Leben aussprechen würden.

Alle zerbrochenen Teile deines Lebens sind nur ein wunderschönes Mosaik deiner Zukunft.

Gott sagt uns in Sprüche 18,21: „*Tod und Leben sind in der Gewalt der Zunge, und wer sie liebt, wird ihre Frucht essen.*"

(Jetzt weiß ich, warum so viele Ehen geschieden werden. Ehepartner sprechen Tod übereinander aus. Hören Sie sich an, was Männer und Frauen übereinander sagen! Wir werden sicherlich die Frucht unseres Mundes essen. Kürzlich sagte eine Frau zu mir: „Mein Mann wird nie Gott dienen!" Traurigerweise wusste ich nur zu gut, wovon sie sprach.)

Wir gingen zur Intensivstation und wechselten uns ab, vor Aldos Glaskäfig zu stehen und die ganze Zeit Leben über ihn auszusprechen. Wenn einer von uns eine Pause machte, übernahm der andere. Das Personal der Intensivstation fand es seltsam, dass wir weiterhin Leben über Aldo aussprachen, weil sie wirklich das Schlimmste befürchteten. Aldos Prognose war nicht gut. In den folgenden Tagen konnte ich feststellen, wer von dem Personal selber Kinder hatte und wer nicht. Da waren diejenigen, die sich wirklich um ihn kümmerten und solche, die einfach nur ihre Arbeit machten.

Es war eine dunkle Zeit in unserem Leben. Die Scherben unserer Tontafel schnitten tief in unser Fleisch und wir bluteten stark.

Gott gab uns Seinen Geist, um uns bei allem zu helfen, was uns Schwierigkeiten bereitete. Wir opfern uns selbst für Gott.
Ich liebe dich, Mami. Gott hat mich zurückgesandt, um der Welt zu sagen, dass Jesus lebt!
Wir müssen gehorsam sein und Leben aussprechen!
Mama, wirst du bitte immer gehorsam sein und tun, was Jesus dir zeigt zu tun?

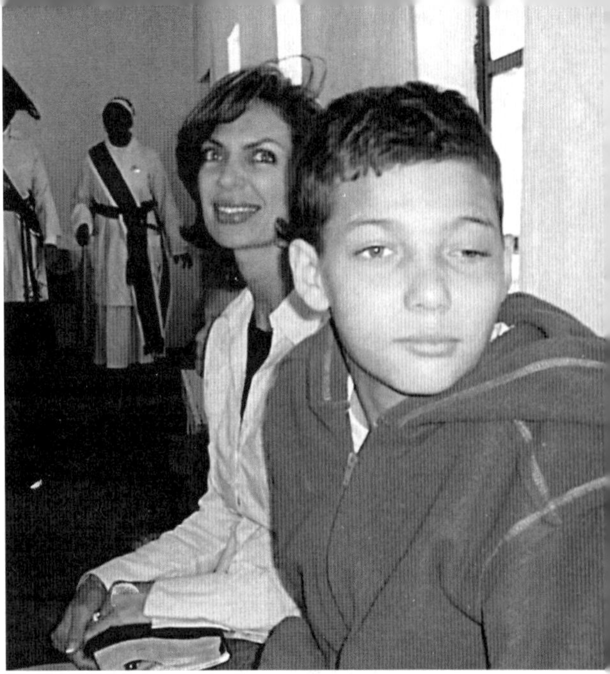

IM THRONSAAL

In der zweiten Woche wurde er zum zweiten Mal am Gehirn operiert. Sie wollten etwas Blut abfließen lassen, das sich angesammelt hatte und auf das Hirn drückte. Danach wollten sie Aldo von dem Lebenserhaltungssystem nehmen, um zu sehen, ob er alleine atmen und damit leben würde.

Am Tag vor der Operation besuchte uns eine Frau im Krankenhaus. Liebe strömte aus ihrem Gesicht. „Ich bin eine Prophetin", sagte sie. Ich schaute sie ungläubig an und sagte sofort, dass bei uns alles in Ordnung sei und wir keine Hilfe bräuchten.

Natürlich war ich skeptisch. Was wusste ich schon über eine Prophetin? Es machte ihr nichts aus und sie versicherte mir, dass sie nur mit mir beten wolle. Am späten Abend jedoch wollte ich so nah wie möglich bei ihr sein, weil ich einfach der Liebe Jesu, die von ihr ausströmte, nicht widerstehen konnte.

Ihr Name war Terthia*. Sie fragte mich, ob ich glaubte, dass Gott das Leben meines Kindes retten und es heilen könnte. Ich musste zugeben, dass ich es nicht wirklich glaubte, weil ich auf die medizinischen Fachleute hörte und auf deren Prognose für Aldo vertraute. Terthia erzählte mir von einem nigerianischen Pastor, der von den Toten zurückkam, nachdem er schon vier Tage im Leichenhaus gelegen hatte. Wieder war ich skeptisch. Wenn das stimmte, dann hätte es doch sicherlich auf dem Titelblatt jeder Zeitung stehen müssen. Sie lächelte einfach und versicherte mir, dass es stimmte und ich es bald selber von dem Pastor hören würde. Sie fragte mich, ob ich glaubte, dass alle Dinge mit Gott möglich sind (Matthäus 19,26).

Dann beteten wir zusammen. Sie forderte mich inständig dazu auf, Gott mein Leben zu geben.

Es war, als ob ich irgendwo eine Glocke hörte. Das war das dritte Mal, dass Gott mich um mein Leben bat.

Sie sagte, dass es in meinem Leben Dinge gebe, die ich bekennen müsse, weil sie eine Barriere waren zwischen Gott und mir. Zuerst war ich verwirrt und stutzig. Ich wusste nicht, was ich bekennen sollte. Gott hatte ihr gezeigt, dass ich über Feuer gelaufen war. Ich war schockiert, dass sie davon wusste. Wider besseren Wissens hatte ich es mal auf einem Kongress getan.

Sie sagte auch, dass ich meinem Mann verübele, was geschehen war. Obwohl ich dem Feind durch meine Angst und das Aussprechen des Unfalls eine Gelegenheit gab, uns anzugreifen, beschuldigte ich Tinus.

Ich musste auch meine eigenen Schuldgefühle, die den Unfall betrafen, bekennen. Terthia versicherte mir, dass es weder Tinus' noch meine Schuld war. Sie erklärte, dass der Feind versuchte, unser Leben zu stehlen, weil ihm klar war, dass Gott einen besonderen Plan für unser Leben hatte. „Im geistlichen Bereich findet ein Kampf um Aldos Leben statt, weil Gott eine Berufung für sein Leben hat", sagte Terthia. Sie würde am nächsten Tag wiederkommen und mit uns zusammen das Abendmahl feiern.

Nachdem Terthia gegangen war, blieb ich noch bis Mitternacht an Aldos Bett und ging dann selbst zu Bett, um etwas Ruhe für

---

* Der Name wurde geändert

die Operation am nächsten Tag zu bekommen. Um zwei Uhr morgens wurde ich von dem Lärm eines brüllenden Löwen, der völlig frei durch die Flure rannte, geweckt. Das Brüllen erschreckte mich. Wut stieg in mir auf. Ich nahm weder Medikamente, noch halluzinierte ich: Es war Wirklichkeit. Es war der unverwechselbare Klang eines brüllenden Löwen. Ich stand auf und rannte zur Intensivstation. Dort rannte das Personal verzweifelt umher. Obwohl sie auf der Intensivstation oft um Leben kämpfen, merkte ich, dass das hier etwas anderes war. Der Löwe brüllte immer noch laut. Die Schwestern um Aldos Bett schienen erstaunt, mich dort zu sehen, und mir wurde klar, dass sie mir niemals glaubten, dass ich einen Löwen in der Intensivstation habe brüllen hören. Sie erzählten mir später, dass Terthia, während ich schlief, zurückgekommen war und für Aldo betete. Die Systeme und Monitore schlugen ständig Alarm, als sie für ihn betete. In dem Moment war mir klar, dass der Löwe von Juda gegen den brüllenden Löwen um das Leben meines Sohnes gekämpft und gewonnen hatte. Einige Zeit später, als ich Offenbarung 5,5 las: *„Und einer von den Ältesten spricht zu mir: Weine nicht! Siehe, es hat überwunden der Löwe aus dem Stamm Juda, die Wurzel Davids, um das Buch und seine sieben Siegel zu öffnen.“*, verstand ich endlich, dass Gott, als Er vor vielen Monaten am Strand zu mir sprach, auch mich gerufen hatte, den brüllenden Löwen zu bezwingen.

Ich blieb bei Aldo, bis die Ärzte nach ihm sahen. Die Operation fand erst am Nachmittag statt. Es wurde ein langer, anstrengender Tag. Als Aldo aus dem Operationssaal kam, wurde ich gebeten, Tinus anzurufen, damit er ins Krankenhaus kommen könne. Sie wollten bei Aldo das Morphin absetzen. Als sie die ersten Lebenserhaltungssysteme ausschalteten, war Aldos Herzfrequenz sehr langsam. Es war entsetzlich. Jetzt erreichte ich meine Grenzen.

Ich ging in mein Zimmer und zog meinen Mantel über meinen Kopf. Dann betete ich. Ich rief verzweifelt nach Gott mit allem, was in mir war. Zum allerersten Mal in meinem Leben betete ich *„im Geist und in der Wahrheit“* (Johannes 4,31), und sofort antwortete Gott mit einer Stimme, die ich hören konnte, und sagte: „Zieh' deine Schuhe aus, denn du stehst auf heiligem Boden.“ Genau wie bei Mose, dachte ich.

„Retha, glaubst du, dass das Opfer meines Sohnes ausreichend und vollständig war?" fragte Er und wusste, dass ich die Bedeutung des Blutes Jesu nicht ganz verstand.

„Ja, Herr."

Er stellte mir noch einmal genau dieselbe Frage, aber noch bevor ich antworten konnte, erlebte ich die Kreuzigung. Ich sah, wie Er meine Strafe auf sich nahm. Nach jedem Schlag, den Er erhielt, sagte Gottes Stimme: „Das hab' ich für dich getan, Retha." Dann zitierte er Johannes 3,16: *„Und einer von den Ältesten spricht zu mir: Weine nicht! Siehe, es hat überwunden der Löwe aus dem Stamm Juda, die Wurzel Davids, um das Buch und seine sieben Siegel zu öffnen."*

Nachdem Jesus die 39 Schläge erlitt, kam die Dunkelheit. Ich sah Jesus am Kreuz hängen. Ich hörte Ihn vor Schmerzen schreien. Ich wusste, das waren nicht die Schmerzen der Schläge, oder der Nägel, die durch seine Hände geschlagen waren, sondern der Schmerz, die Sünden der Welt zu tragen und vom Vater getrennt zu sein. Das war es, was Ihn schreien ließ.

Als Jesus starb, sah ich, wie der Vorhang im Tempel von oben bis unten zerriss. Dann lud mich Gott in sein Allerheiligstes ein: „Komm zu mir, Mein Kind." Ich ging durch den Vorhof in das Allerheiligste, wo ich Tausende von Menschen sah. Als ich vor Ihm stand, sagte Er mir, ich solle alle Masken abstreifen, die ich trage. „Ich habe kein Interesse weder an deinem Schein noch an deinen guten Werken", sagte Gott. „Ich will dein Leben." Plötzlich erkannte ich, dass ich mich hinter einer Maske aus Perfektionismus, Stolz, Eifersucht, Abscheu vor mir selbst, Selbstmitleid, Frustration und Aggression versteckt hatte. In diesem Moment sah ich mich, als würde ich vor mir stehen: Ich sah Retha, die Klatschtante, Retha, das Buch mit den sieben Siegeln, Retha, den Erfolgsmenschen, der kein Versagen ertragen kann. Gott wollte mein Leben, nicht meine Taten. „Hilf mir, Herr, Dir mein Leben hinzulegen", flehte ich.

Dann sah ich das Waschbecken vor mir. Es war voll von Jesu Blut, und ich wusste, dass ich damit gereinigt werden musste. Nur das Blut Jesu kann uns von dem Gesetz befreien. Gott sagte mir, dass ich in Seinem Allerheiligsten war. Ich musste die Wahrheit annehmen und meine Sünden bekennen. Wenn Gott uns vergibt, dann entfernt er die Sünde von uns, so weit, wie der Osten vom Westen ist (Psalm 103,12).

Vor meinem inneren Auge sah ich, wie ich in das Blut eintauchte. Als ich wieder hoch kam, war da keine Verdammnis mehr für mich (Römer 8,1). Seitdem weiß ich, dass sich eine jüdische Braut einem rituellen Bad unterziehen muss, das man „mikvah“ nennt.

Ich verstand Gottes Botschaft: Egal wer du bist,
oder was du in deinem Leben gemacht hast,
das Blut Jesu reinigt und erneuert dich – es macht
dich weißer als den Schnee.

Sogar, wenn sie keine Jungfrau mehr ist, wird sie dann als gereinigt angesehen und geheiligt werden durch die „mikvah“.

Er reinigte mich von aller Sünde, meinem Stolz und meiner Selbstherrlichkeit. Er kann es auch für dich tun.

Ich musste voll des Heiligen Geistes sein, wenn ich in das Allerheiligste wollte. „Herr, kannst Du Dich erinnern, an wieviel Sonntagen ich in der Gemeinde stand und mit dem Heiligen Geist erfüllt werden wollte?“

„Damals war es nicht möglich“, antwortete Er, „du warst zu sehr mit dir selbst beschäftigt. Es gab keinen Platz mehr für Meinen Geist. Erst wenn du dir selbst gestorben bist, kannst du mit Meinem Geist erfüllt werden.“ Jetzt verstehe ich, warum Paulus sagt, er stirbt sich selber jeden Tag (Galater 2,20).

Wieder rief mich Gott in Sein Allerheiligstes. An diesem allerheiligsten Ort spricht der Geist zum Geiste: „*Urflut ruft der Urflut zu ...*“ (Psalm 42,8). Hier gibt es keine Worte. Nur Tränen und Freude und Leben! Nach 40 Jahren, in einem Krankenzimmer, mit meinem Mantel über dem Kopf, traf ich endlich Gott von Angesicht zu Angesicht.

An dem einen Ende des Krankenhausflures kämpfte mein Kind mit dem Tod, und am anderen Ende traf ich auf Gott. Das änderte einen der schlimmsten Tage meines Lebens in einen meiner besten. Ich hatte gefunden, was ich immer gesucht hatte: Jesus. Das bedeutete mir so viel. In diesem Moment war es mir egal, ob Aldo lebte oder starb, oder ob ich lebte oder starb. In Römer 14,8 steht: „*Denn sei es auch, dass wir leben, wir leben dem Herrn; und sei es, dass wir sterben, wir sterben dem Herrn ...*“ Und zum ersten Mal verstand ich es. Ich wollte es vor Freude hinausschreien!

Ich wollte, dass die Welt es weiß: „Der Löwe von Juda ist in mir. Wir sind eins!"

Ich war in der wunderbaren Gegenwart Gottes und konnte in Seiner vollkommenen Liebe baden. Welch eine unbeschreibliche Liebe! Es ist eine Liebe, die ich nie begreifen kann. Wenn man am Thron Gottes sitzt, fühlt man Feuer und Wärme. Alle meine Bedürfnisse und Sehnsüchte wurden in Seiner Gegenwart gestillt. In einem einzigen Moment erfuhr ich völlige Annahme, Gnade und Frieden.

Gott ist die Antwort! Jeden Tag treffe ich Menschen, die verzweifelt diese Gaben finden wollen. Aber der Segen ist nicht in den Gaben. Er ist in dem Einen, der sie gibt.

Statt nach den Gaben zu suchen, sollten wir den suchen, der uns die Gaben gibt:
Wir brauchen Gott, nur Gott allein.

„Lasst uns nun mit Freimütigkeit hinzutreten zum Thron der Gnade, damit wir Barmherzigkeit empfangen und Gnade finden zur rechtzeitigen Hilfe!" (Hebräer 4,16) Halte aus, bis du in der Gegenwart des Herrn bist, bis du im Allerheiligsten bist.

In Seiner Gegenwart, an diesem allerheiligsten Ort, sah ich ein blendendes Licht. Das ist, weil Gott Licht ist und in Ihm keine Dunkelheit. Ich fühlte mich in diesem Licht sehr wohl, und Er fragte mich: „Retha, bist du bereit, dein Kind zu opfern?"

Diese Frage überraschte mich. Zehn Jahre lang war Aldo mein Kind, mein Leben! Ich verstand nicht, was Gott versuchte, mir zu sagen. Wollte Er wirklich, dass mein Kind stirbt nach allem, was wir durchgemacht hatten?

„Bist du bereit, dein Kind auf den Altar zu legen und zu opfern?" fragte Gott wieder. Bevor ich antworten konnte fiel mir Matthäus 10,37 ein: *„... und wer Sohn oder Tochter mehr liebt als mich, ist meiner nicht würdig."*

In dem Moment wurde mir klar, dass der Heilige Geist mich absichtlich an diesen Bibelvers erinnerte, weil Gott ganz ernst über meine Idealvorstellung für Aldo mit mir sprach. Ich hatte große Träume mit ihm; ich lebte fast sein Leben für ihn. Ich wusste sofort, dass die Prioritäten in unserem Haus schief lagen, so wie ich es bei den meisten Menschen vermutete. Unsere Kinder kommen immer zuerst, dann unsere Ehen und unserer Beruf, und dann erst Gott.

Sicher sollte Gott zuerst kommen, dann unsere Ehen, unsere Kinder und erst dann unsere Arbeit.

Ich wusste ohne Zweifel, dass ich Aldo auf den Altar legen musste. Ich würde ihn opfern, nicht weil ich musste, sondern weil ich wollte.

In meinem Geist sah ich Aldo auf einer Bank liegen. Gott sagte mir, ich solle ihn dort liegen lassen. Ich konnte sehen, dass Gott Seine Hände ausstreckte und hörte Seine tröstende Stimme. Er sprach sanft mit mir und sagte mir, dass Aldo mir nicht mehr gehörte. Gott hatte einen wunderbaren Plan mit Aldo. Er würde ihn heilen, und Aldo würde der Welt erzählen, dass Jesus lebt! Das klang so fremd für mich. Mein Kind, das kein Kind Gottes war, sollte der Welt erzählen, dass Jesus lebt!

Gott zeigte mir, dass ich Glauben brauchte. Ich musste gegen alle Hoffnung hoffen. In Hebräer 6 fand ich ein Beispiel dieser Hoffnung. Abraham musste seinen Glauben behalten, dass er Nachkommen haben würde, obwohl er und Sara längst das Alter, in dem man Kinder bekommen kann, überschritten hatten.

Es schien menschlich unmöglich, aber er hielt fest an Gottes Versprechen. Genau da habe ich mich entschieden, auch wenn es so aussah, als ob es keine Hoffnung für Aldo geben würde, dass ich weiterhin hoffen werde. Denn Hoffnung zu haben, bedeutet, Glauben zu haben.

Es war, als ob Gott sagte, dass Sein Versprechen, Aldo zu heilen, ohne meinen Glauben bedeutungslos wäre. Mein Glaube war nötig, damit das Wunder geschehen konnte. In Matthäus 20,22 lesen wir von der Frau, die zwölf Jahre unter Blutungen litt. Sie glaubte, dass sie dann geheilt werden würde, sobald sie Jesus berührte. Es war ihr Glaube, der ihr Heilung brachte, nicht der Saum des Gewands Jesu. An diesem Tag habe auch ich den Allmächtigen berührt. Ich weiß, dass das Wunder unmittelbar im geistlichen Raum geschah. Es ist nur eine Frage der Zeit, ehe es sich manifestieren würde. Gott sagte: „Es geht im Leben auf der Erde nicht um dich, Retha. Es geht um Mich. Die Herrlichkeit bin Ich."

„Herr, Du verstehst nicht", dachte ich, „heute geht es um mich. Es ist mein Kind und mein Schmerz. Ich sitze in den Scherben meiner Tontafel. Sie schneiden so tief in mein Fleisch."

„Ich bin Mir deiner Schmerzen und deines Leidens bewusst", antwortete Gott. „Aber selbst in deinem Schmerz und deinem Leiden geht es um Mich. Ich BIN das Zentrum von allem, was ist, war und sein wird. Gib die Kontrolle über dein Leben an Mich ab. Ich bin der Herrscher über dein Leben, nicht du."

Als ich endlich meine Augen wieder öffnete, waren anderthalb Stunden vergangen. Auf der Intensivstation hatten sie alle Schmerzmittel abgesetzt und die lebenserhaltenden Maschinen ausgeschaltet. Aldos Herz schlug jetzt schneller, und er knirschte mit den Zähnen.

Gott kam herein, und ein Wunder entfaltete sich vor meinen Augen.

Ich kehrte in mein Zimmer zurück und weinte. Die Prophetin kam herein. Ich bat sie, mir die Blutbunderfahrung, die ich gerade erlebt hatte, zu erklären. Sie sagte, es ist ungefähr so, wie bei Abraham, nachdem Gott ihn aufgefordert hatte, seinen Sohn zu opfern. Sie erinnerte mich an 1. Mose 22,8. Dort steht: „... *Gott wird sich das Schaf zum Brandopfer ersehen, mein Sohn ...*"

Terthia erzählte mir, dass in der letzten Nacht ein großer Kampf um das Leben meines Sohnes stattgefunden hat. Aber der Kampf ist gewonnen. Für mich war es ein seltsamer Plan, den ich verstehen musste.

Sie erzählte mir, dass Gott sie geweckt hatte und ihr sagte, sie solle ins Krankenhaus gehen, um für Aldo zu beten, weil sein Leben auf dem Spiel stand. Also ging sie zu Aldos Bett und betete für ihn. Sie fühlte etwas ähnliches wie einen schwarzen Trichter, der um sein Bett herum kreiste. „Am Ende war der Feind besiegt und flüchtete, wie ein brüllender Löwe, durch die Krankenhausflure", erzählte sie. Es gibt definitiv eine geistliche Dimension. Dort läuft der Teufel umher wie ein brüllender Löwe, um zu sehen, wen er verschlingen kann (1. Petrus 5,8).

IM GLAUBEN KÄMPFEN

Der Weg zur Genesung würde ein langer werden. Obwohl Aldo den Unfall überlebt hatte, lag er immer noch im Koma, und seine Zukunft war ungewiss. Trotzdem verspricht Gott, dass Er das gute Werk, das Er begonnen hat, auch vollenden wird.

Einen Monat nach dem Unfall brauchte er keine lebenserhaltenden Maßnahmen mehr. Sein rechtes Auge fing an, sich zu bewegen, aber das linke Auge blieb bewegungslos. Die Ärzte sagten, er würde auf diesem Auge blind sein. Jetzt verlegten sie ihn auf eine normale Station.

Auf Grund der künstlichen Luftröhre konnte er nicht sprechen. Sein kleiner Körper war noch sehr steif und unbeweglich. Nach dem zweiten Monat überwiesen uns die Ärzte an eine Einrichtung für geistig behinderte Kinder, bzw. solche, die schwere Gehirnverletzungen erlitten hatten. Ihre Prognose war, dass Aldo nie mehr ohne Hilfe sitzen, stehen noch laufen könne. Er würde für den Rest seines Lebens von anderen abhängig sein. Jedes Mal, wenn wir solch schlechte Nachrichten von Aldo hörten, wurden Tinus und ich sehr still.

Ich fing an, für Aldos Körper zu beten, und befahl ihm, in Einklang mit Gottes Ordnung und Wort zu kommen. Es ist nicht Sein Wille, dass wir leiden oder krank sind. Ich beharrte auf Lukas 4,18+19: „*... weil er mich gesalbt hat, Armen gute Botschaft zu verkündigen; er hat mich gesandt, Gefangenen Freiheit auszurufen und Blinden, dass sie wieder sehen, Zerschlagene in Freiheit hinzusenden, auszurufen ein angenehmes Jahr des Herrn.*" Jedes Mal, wenn uns schlechte Nachrichten über Aldo zu Ohren kamen, habe ich sie in Jesu Namen für null und nichtig erklärt. Weiterhin verkündete ich, dass keine Waffe, die gegen uns gerichtet ist, uns treffen kann (Jesaja 54,17). Ich musste die Hoffnung bewahren und an Dinge glauben, die ich noch nicht sehen konnte (Hebräer 11,1). Ich musste Glauben haben. Es war eines der schwersten Dinge, was ich je in meinem Leben tun musste. Wenn uns jemand fragte, wie es uns geht, habe ich geantwortet: „Wir kämpfen den guten Kampf des Glaubens!"

Endlich ein paar gute Nachrichten! Der Arzt, der Aldos Schulter untersuchte, rief: „Mrs. McPherson, es ist ein Wunder!" Ich hätte vor Freude in die Luft springen können, auch wenn es nur um Aldos Schulter ging. Gott ist gut. Selbst Fachleute im medizinischen Bereich fangen heute an, dies zuzugeben.

Aldo wurde in ein Krankenhaus in Pretoria (Gauteng) verlegt, von wo wir ihn anschließend nach Hause holten. Wir hatten uns dazu entschlossen, dass wir diejenigen sein werden, die Aldo pflegten, wenn er Pflege braucht. Wir stellten Pfleger, sowohl für tags wie auch für nachts, ein, die uns zu halfen.

Aldos Mund war starr. Sein Kiefer war nach einer Seite verzogen, so dass er seinen Mund überhaupt nicht öffnen konnte. Er wurde durch einen Schlauch ernährt, der in seinen Magen geführt wurde. Ich wusste, was Gott mir gesagt hatte: Aldo wird der Welt erzählen, dass Jesus lebt! Ich hatte dieses Versprechen noch niemandem erzählt, weil ich wusste, dass man mein Erlebnis mit Gott nicht verstehen würde. Ich wusste auch nicht, dass Aldo über alles Bescheid wusste, was zwischen Gott und mir geschah.

Wir waren davon überzeugt, dass Aldo seinen Mund wieder benutzen wird. So versuchte ich, seinen Mund mit Gewalt zu öffnen, damit er reden könne. Wir versuchten alles, aber ohne Erfolg.

Wir gingen zu dem Chirurgen zurück, um herauszufinden, was wir tun könnten, damit er seinen Mund öffnen konnte. Er sagte, wir hätten Glück gehabt. Glück gehabt, dass Aldos Mund nicht in geöffneter Position erstarrte. Kinder mit Gehirnverletzungen, so wie Aldo sie hat, haben eine von zwei Reaktionen. Entweder sind die Zähne fest aufeinander gepresst, oder der Mund verharrt in einem dauerhaft offenen Gähnen. Der Arzt veranschaulichte seine Erklärung, indem er sein Gesicht schrecklich verzog und mit weit aufgerissenem Mund und schräg gehaltenem Kopf „ahh" sagte. Aldo saß zwischen Tinus und mir, direkt vor diesem unsensiblen Mann, der seine Anschauung wiederholte. Es war um so dramatischer, als dass er es vor Aldo tat, dachte ich. War ihm nicht bewusst, dass Aldo jedes Wort hören und verstehen konnte? Ich musste in den sauren Apfel beißen und hatte Mühe, meine Tränen zurückzuhalten. Aus meinem Innersten kam ein bisschen Humor heraus. „Herr, schütze diesen Mann. Wenn jetzt die Uhr für ihn schlagen würde, würde sein Gesicht sicherlich für immer in dieser Position verbleiben." Der Doktor schickte uns mit der Diagnose nach Hause, dass Aldo seinen Mund nicht öffnen wird ... für immer und ewig.

Ich weinte auf dem ganzen Nachhauseweg. Ich wollte es nicht wahr haben.

Wir konsultierten einen anderen Arzt und verlangten, dass dieser Spritzen in Aldos Kiefer injizierte, damit er seinen Mund öffnen könnte.

Der Arzt merkte, wie verzweifelt wir waren, und entsprach unserem Wunsch, aber als Aldo abends aus dem Behandlungszimmer kam, war sein Mund immer noch geschlossen. Dieser Arzt, der mit uns fühlte, konnte uns keine Hoffnung geben. Er verschrieb noch nicht einmal Medikamente.

Trotzdem glaubte ich es nicht. Zu Hause nahm ich meine Bibel und sprach ernsthaft mit Gott. Ich forderte von Ihm nach dem Versprechen in Markus 11,24: *„Darum sage ich euch: Alles, um was ihr auch betet und bittet, glaubt, dass ihr es empfangen habt, und es wird euch werden."* Meine Tränen hinterließen Spuren auf der Bibel. Ich flehte Gott an und erinnerte Ihn an Sein Versprechen, dass Aldo der Welt erzählen werde, dass Jesus lebt. Ich sagte Ihm, es wäre mir egal, wie Er es mache. Er ist der Schöpfer von Himmel und Erde, und ich bin nicht bereit zu glauben, dass Aldos Kiefer geschlossen bleibt.

(Erinnern Sie sich bitte, dass ich nach meiner geistlichen Begegnung mit Gott nicht heilig geworden bin. Ich war nicht irgendeine passive Marionette. Ich kämpfte täglich mit meiner sündigen menschlichen Natur – und tue es immer noch.)

Ich diskutierte mit Gott. Ich sagte Ihm, dass ich Ihn an sein Wort erinnere. Ich erklärte, dass ich an dem Tag, an dem ich Ihm Aldo geopfert hatte und Ihm die Kontrolle über mein Leben abgegeben hatte, aufgehört habe, aufgrund meiner Gefühle zu reagieren. Ich würde mich auch nicht von den Äußerungen beeinflussen lassen oder ihnen gar glauben, die alle über Aldo abgaben. Ich hielt weiter an Gottes Wort fest. Was sollte ich auch anderes machen, da Gott es ja selbst gesagt hatte. Ich gestand mir meine eigene Schwäche und Unfähigkeit ein und flehte um Gottes Kraft. Ich vertraute Gott.

Gott antwortete mit einer Bibelstelle – Johannes 6,53-56: *„Da sprach Jesus zu ihnen: Wahrlich, wahrlich, ich sage euch: Wenn ihr nicht das Fleisch des Sohnes des Menschen esst und sein Blut trinkt, so habt ihr kein Leben in euch selbst. Wer mein Fleisch isst und mein Blut trinkt, hat ewiges Leben, und ich werde ihn auferwecken am letzten Tag; denn mein Fleisch ist wahre Speise, und mein Blut ist wahrer Trank. Wer mein Fleisch isst und mein Blut trinkt, bleibt in mir und ich in ihm.“*

Ich musste das Abendmahl nehmen. Ich habe wohl in diesen Tagen mit Gott Laibe von Brot gegessen. Jedes Mal, wenn ich in der Küche war, brach ich ein Stück Brot ab und bekannte, dass ich mit Jesus gestorben bin, und wenn ich einen Schluck Saft getrunken habe, bekannte ich, dass ich auch mit Ihm auferstanden war.

Es ist eine Sache, mit Christus zu sterben, aber etwas ganz anderes, mit ihm auferstanden zu sein.

Nur sehr wenige Menschen können mit Ihm leben. In Johannes 14,6 steht, dass Jesus die Wahrheit, der Weg und das Leben ist. Ich wiederhole, Jesus kam, damit wir Leben haben und es im Überfluss haben!

Wir müssen für und mit Christus leben. Es ist unser Bund und unsere Berufung. Darauf müssen wir vertrauen. Und ich vertraue immer noch darauf. Wenn ich das Brot esse, bedeutet es für mich, mit Jesus zu leben und mir und meinen eigenen Vorstellungen zu sterben. Das ist nicht irgendeine tote Lehre. Gott hat mich gelehrt, den Blutbund des Abendmahls zu ehren und Ihm mein Leben anzuvertrauen.

Jeden Tag habe ich das Abendmahl gehalten, jeden Tag schaute ich nach, ob sich bei Aldo etwas veränderte. Zu dem Zeitpunkt konnte er sich noch nicht einmal bewegen. Er lag nur einfach da. Ich blieb in einer positiven Haltung und nahm das Abendmahl, wann immer ich Zeit dazu hatte, immer entschlossen, mit Jesus zu leben. Ich wehrte mich dagegen, in meinen Tonscherben zu sitzen.

Gott möchte wieder deine erste Liebe sein. Gott möchte dich segnen, damit du Leben aussprechen und Sein Wort verkünden kannst. Sei heilig, so wie Er es für dich will.

Möge Gott uns so benutzen, wie Er es für das Beste hält. Salbe mich, Mami, und sage allen, dass Jesus lebt.

Das Blatt wendet sich

Eines Tages veränderte sich alles. Ich vergleiche es oft mit Hesekiel 47,1-6, wo der Prophet sah, wie das Wasser aus dem Tempel floss. Zuerst ist das Wasser nur ein Rinnsal, dann ist es knöcheltief. Es steigt bis an die Knie und geht dann bis zur Taille. In Vers 5 lesen wir schließlich: „*Und er maß tausend Ellen: ein Fluss, den ich nicht durchschreiten konnte, denn das Wasser war tief, Wasser zum Schwimmen, ein Fluss, der nicht mehr durchschritten werden kann.*"

In meinem Leben konnte ich auch spüren, wie das Wasser anstieg.

Der Geist wurde stärker, sobald ich mein sündiges Fleisch verurteilte. Ich wurde daran erinnert, dass Jesus für eine Braut zurückkommt, die das Fleisch besiegt hat. Wir müssen im Geist leben. Und so veränderten sich meine persönlichen Ziele. Ich wollte, dass die Worte in Psalm 1,3 auf mich zutreffen: „*Er ist wie ein Baum, gepflanzt an Wasserbächen, der seine Frucht bringt zu seiner Zeit, und dessen Laub nicht verwelkt; alles was er tut, gelingt ihm.*"

Mir wurde bewusst, dass ich nur dann Frucht ernten kann, wenn der unsterbliche Same Gottes in meinem Herzen gepflanzt ist. Dieser Same wird in dein Herz gepflanzt, wenn du bekennst: „Herr, ich bin am Ende, ich weiß nicht mehr weiter." Gott hat nicht die Kontrolle über dich, wenn du immer noch aus eigener Kraft versuchst, die Dinge zu erledigen. Dann hast du die Kontrolle. Gott wird nicht um die Kontrolle über dein Leben kämpfen. Nein, wir müssen alles zu Gottes Füßen legen, dann zurücktreten und darauf warten, dass Er die Arbeit verrichtet.

Jetzt, da ich mit dem lebendigen Gott eins geworden bin, ist Er die wichtigste Person für mich geworden. Ich lebe nur in Ihm und durch Ihn. Ich muss nichts tun. Er vollbringt alles. Genau dieses Buch ist ein Beispiel dafür. Ich hatte keine Ahnung, wie man ein Buch schreibt, aber ich danke Gott, dass ich es nicht musste. Nicht ich schreibe es, sondern Gott. Ich danke Gott auch dafür, dass ich mir über meine Zukunft keine Gedanken machen muss, oder dass ich meine Familie versorgen muss, oder sogar mich um Aldos Zukunft sorgen muss. Gott hat die Kontrolle. Ich bin nur ein Werkzeug in Seiner Hand. Weil Jesus für mich am Kreuz gestorben ist, habe ich gesiegt.

Schauen wir die Dinge mit unseren irdischen Augen an, mögen sie uns hoffnungslos erscheinen: Aldo humpelt immer noch, fällt oft hin. Sehen wir ihn mit unseren menschlichen Augen, scheint er nicht 100% normal. Seine Sprache ist sehr langsam und monoton, aber ich fühlte mich frei. Ich muss es nicht alles alleine machen. Gott sagt in Philipper 1,6, dass Er zu Ende führt, was Er beginnt. Was immer Er auch in dir angefangen hat, wird Er auch vollenden, wenn du es Ihm erlaubst.

Monate vergingen und Aldo konnte seinen Mund immer noch nicht öffnen. Selbst, wenn ich ihn direkt ansprach, starrte er mich nur an. Als ich nach Cape Town (Western Cape) fuhr, kam ich bei "Sweets from Heaven" am Flughafen vorbei. „Ihre Würmer sind die sauersten, die man bekommen kann", sagte Aldo immer. Ich kaufte ihm jedes Mal saure Würmer am Flughafen, wenn ich unterwegs war. Als ich an diesem Tag den Laden betrat, fühlte ich mich, als wüsste jeder, dass mein Kind sie nicht essen könne. Obwohl ich sonst eine ganze Tüte kaufte, habe ich an diesem Tag nur vier Würmer genommen, bezahlte sie und fuhr nach Hause. Zu Hause angekommen, wollte ich die Würmer im Schrank verstecken. Ich fühlte mich nicht wohl bei dem Gedanken, für Aldo Süßigkeiten zu kaufen, wobei er doch nichts essen konnte, und schon gar keine Süßigkeiten! Ich fragte Gott: „Warum habe ich diese sauren Würmer gekauft?"

Ich kann es nicht erklären, aber ich hatte den Eindruck, dass Gott wollte, dass ich diese sauren Würmer in Aldos Wangen schieben sollte, zwischen seine Zähne. Obwohl ich wusste, dass er nicht schlucken konnte und deshalb nichts in seinen Hals geraten sollte, habe ich jeden Tag, vier Tage hintereinander, einen sauren Wurm in seinen Kiefer geschoben.

Nach dem vierten Tag öffnete Aldo seinen Mund.

Ich weinte vor lauter Freude! Ich rief und schrie. Mir war bewusst, wenn ich Gott nicht gehorsam gewesen wäre, wäre Aldos Mund verschlossen geblieben. Manchmal weißt du einfach, dass die Stimme, die du in dir hörst, Gottes Stimme ist. Wenn ich auf Vernunft und Vorsicht gehört hätte, dann hätte ich niemals den ersten Wurm in Aldos Mund gepresst.

Mein Gott ist ein übernatürlicher Gott! Mit Ihm ist nichts unmöglich! Manchmal arbeitet er absichtlich gegen jede Logik, damit wir erkennen, dass er allmächtig ist.

Nach diesem Durchbruch stellten wir für Aldo eine Diät zusammen, die Avocado und andere weiche Lebensmittel enthielt. Wir fingen an, ihm kleine Stückchen richtiger Nahrung zu geben. Zuerst schob ich Aldo ein kleines Stückchen Brot in seinen Mund, nachdem er ihn geöffnet hatte. Ich tropfte auch etwas Saft auf seine Lippen, den er gierig schluckte. Wir nahmen das Abendmahl zusammen ein. Ein Tropfen von Jesu Blut ist genug für mich. Und es reicht auch für Aldos Heilung.

Als wir Aldo nach Hause brachten, war sein eines Auge blind, während das andere geschlossen blieb und bewegungslos war. Nichtsdestotrotz begann er zu schreiben, und wir führten den Privatunterricht fort. Nachts schlief er in unserem Zimmer auf einer Matratze. Wir hatten Angst, dass er in seinem Zimmer, das ein Stück entfernt war, aus dem Bett fallen könnte. Da er keine

Windeln mehr benutzte, mussten wir Aldo nachts zur Toilette tragen.

Eines Nachts weckte mich Aldo. „Mama, hast du Jesus gesehen?“ fragte er. Ich antworte, dass ich Ihn nicht gesehen habe, aber gerade von Ihm geträumt hatte. Aldo war felsenfest davon überzeugt, dass Jesus gerade im Zimmer war und sein Auge berührt hatte.

„Kannst du wieder sehen, Aldo?“ fragte ich aufgeregt. Er schüttelte seinen Kopf. Ich machte das Licht wieder aus und sagte ihm, dass wir unbedingt schlafen müssten. Aber ich konnte nicht schlafen. Ich drückte mein Gesicht in mein Kissen und weinte. Obwohl ich keine Tränen vergoss, schluchzte mein Geist. „Gott, ich brauche ein Wunder“, schrie ich.

„Nein, Retha, du brauchst Glauben“, kam die sanfte liebevolle Antwort.

Es war so schwer. Der emotionale Schmerz war qualvoll. Etwa zwei Wochen später kam ich sehr spät von einem Vortrag in Nelspruit (Limpopo) nach Hause. Aldo schlief schon in unserem Zimmer. Sein blindes Auge war geschlossen, aber das unbewegliche war offen. Dies wunderte mich nicht, denn wir mussten jeden Abend Salbe in das Auge tun und es für ihn schließen. Ich dachte, dass Tinus es vergessen hatte.

Wegen der Verletzung des Mittelhirns fiel es Aldo immer schwer einzuschlafen. Auch jetzt muss er noch eine pflanzliche Schlaftablette nehmen, damit er etwas Ruhe bekommt. Es gibt Nächte, in denen wir überhaupt nicht schlafen konnten. Wir sahen die Sonne aufgehen, ohne dass wir auch nur ein Auge zugemacht hatten. Gott lehrte mich, in diesen Zeiten geduldig zu sein, als die Tränen und die Müdigkeit unerträglich wurden. Manchmal schrie Aldo aus völliger Erschöpfung, und ich konnte nichts tun, um ihm zu helfen. Durch diese Nächte entstand eine starke Bindung zwischen Aldo und mir. Manchmal half es, ihn mit Öl zu salben, aber manchmal half nichts, ihn davor zu bewahren, aus Frust und Ärger zu schreien, weil er nicht schlafen konnte.

Als ich an diesem Abend Aldo schlafen sah, setzte ich mich neben sein Bett und begann, im Geist für ihn zu beten. Bevor ich aufstand, die Salbe für sein Auge zu holen, formte ich mit meinem Mund einen Kuss. Weil ich ihn nicht aufwecken wollte, wagte ich es nicht, ihn mit meinen Lippen zu berühren. So war ich überrascht, als ich sah, dass auch er als Antwort auf meine Geste einen Kuss formte.

„Aldo, hast du mich gerade gesehen?“ fragte ich. Er hielt seine Daumen nach oben. „Ich hab' dir doch gesagt, dass Er hier war.“

Wir gingen mit Aldo zu dem Spezialisten für Augenheilkunde. Er sagte uns, dass Aldo auf diesem Auge wieder volle Sehkraft habe. Gott hatte ein weiteres Wunder vollbracht! Heute hängt zwar sein Lid noch herunter, was sich negativ auf sein Gleichgewicht und seine Lesefähigkeit auswirkt, aber seine Augen bewegen sich jetzt gleichmäßig, was ja noch nicht der Fall war, als er seine Sehkraft wiedererlangte. Zwei weitere Operationen, die das Augenlid anheben sollten, schlugen fehl, und der Arzt sagte uns, wir sollten es akzeptieren. Aldo war sehr aufgebracht und rief: „Sie kennen meinen Jesus nicht!“

Wir gingen zu einem anderen Spezialisten, um eine zweite Meinung einzuholen. Und dieser machte uns Mut. So viel war von der Schädigung der Nerven wiederhergestellt, dass er zu dem Schluss kam, dass es das Werk Gottes sein musste. Gottes Zeit ist nicht meine Zeit.

Wenn Sie Aldo sähen, könnten Sie vielleicht glauben, dass ich zu viel erwarte, dass ich das Unmögliche will. Aber ich versichere Ihnen, es ist möglich. Ich wusste auch nicht, wie die Zukunft für Aldo aussehen würde, als er dort auf dem Krankenbett im Koma lag. Ich wusste nicht einmal, ob er überleben würde. Heute weiß ich, dass ich mir keine Sorgen mehr machen muss, weil ich nichts tun muss. Es ist nicht mein Werk. Es ist Gottes Werk, und Er wird es vollenden. Und Er wird es perfekt machen. Aldos Fortschritte, die er bis heute gemacht hat, haben nichts mit mir zu tun. Es lag sicherlich nicht daran, wer oder was ich bin oder daran, was ich getan habe. Alles, was ich tun muss, ist, meinen Glauben behalten.

Der Gesandte Gottes

Als wir Aldo nach Hause brachten, hatte er noch keine Kontrolle über seine Muskeln und bewegte sich kaum. Wir standen da und starrten uns an. Die Lösung war, dass er Bewegung brauchte, damit seine Muskeln nicht erlahmten, und so setzten wir ihn auf ein Fitnessfahrrad. Aber das war leichter gesagt, als getan. Zwei Personen mussten seinen Körper aufrecht auf dem Rad festhalten, eine weitere musste seinen Kopf halten, während zwei weitere die Pedale drehen mussten, an die Aldos Füße festgeschnallt waren.

Wir müssen ein seltsamer Anblick gewesen sein! Die Leute waren bestürzt, weil wir solch einen Aufwand machten für ein Kind, das nie mehr laufen würde. Nie mehr laufen? Dieses Kind wird der Welt erzählen, dass Jesus lebt!

Damit Aldo wieder mit dem Privatunterricht anfangen konnte, musste er beim Erlernen des Alphabets bei Null anfangen. Deshalb haben wir ihn mit Bandagen an einen Stuhl geschnallt. Der Beschäftigungstherapeut kam in unser Haus und brachte ihm wieder das Alphabet bei. Eines Tages starrte er unverwandt auf einen Stift. Ich fragte ihn, ob er etwas schreiben wolle. Er nickte ganz leicht. Das war definitiv ein „Ja“. Ich gab ihm den Stift in die Hand und hielt sein Handgelenk, weil die Muskeln seiner rechten Hand unkontrolliert zuckten. Er fing an zu schreiben:

> Danke für das, was du für mich getan hast. Mama, wenn du mich nicht geopfert hättest, wäre ich jetzt tot!

Ich war total überrascht. „Woher weißt du das denn?“ rief ich. Er schrieb seine Antwort auf:

> Erinnerst du dich, dass du dich nach dem Unfall über mich gebeugt hast? Du schautest direkt in die Augen Jesu, als Er kam und mich abholte, um mit mir in den Himmel zu gehen. Ich war die ganze Zeit mit Ihm zusammen im Himmel. Er lehrte mich alles im Himmel
> Er lehrte mich Sein Wort.

Ich war erstaunt, das zu hören. Ich holte sofort seinen Ranzen (Können Sie sich vorstellen, dass seine Brotdose nach vier Monaten immer noch darin war!), holte sein Mathematikbuch hervor und ließ ihn eine Bruchaufgabe lösen. Prompt schrieb er die Antwort auf. Ich schimpfte mit ihm, weil er den Lösungsweg nicht aufschrieb, aber er schrieb wieder nur einfach die Antwort auf. Ich war mir wegen der Lösung selbst nicht sicher und rief deswegen schnell Tinus an, um herauszufinden, ob es richtig war. Er bestätigte es mir.

Ich war überglücklich. Man hatte uns gesagt, dass Aldo sich weder an den Unfall noch an Dinge erinnern würde, die davor passiert waren. Aber Aldo bewies allen das Gegenteil. Gott hatte der Welt bewiesen, dass sie im Unrecht war. Ich wusste die ganze Zeit, dass mein Kind noch in diesem zerbrochenen kleinen Körper steckte!

Ich rief den Doktor an. Er wollte nicht glauben, dass Aldo geheilt war. Ich bat ihn, sein Faxgerät einzuschalten, damit ich ihm die Rechenaufgabe schicken könne, die Aldo gerade gelöst hatte! Später bereute ich mein Tun. Meine Absicht war nicht rein.

Ich war über den Doktor verärgert, weil er keinen Glauben hatte. Ich vermutete, dass er nur seine Arbeit tat und sich seine Prognose auf die medizinischen Erkenntnisse bezüglich Aldos Fall stützte. Ich wollte ihm beweisen, dass er falsch lag. Statt dem Heiligen Geist zu erlauben, den Doktor zu überzeugen, dass Jesus lebt, wollte ich es ihm beweisen. Danach musste ich dies bekennen und um Vergebung bitten, weil ich ihn gerichtet hatte. Erst dann konnte ich auch dem Doktor vergeben.

Aldo konnte sich an alles erinnern, sogar an den Unfall selbst. Monate später, als wir wieder zum Flughafen fuhren, fing Aldo an, uns detailliert zu erzählen, wie sein Geist seinen Körper an der Unfallstelle verlassen hatte. Er sagte, es fühlte sich an, als würde eine graue Masse seinen Körper verlassen, und im nächsten Moment war er vollkommen und ohne Makel. „Ich war völlig geheilt“ sagte er. „Ich habe euch neben mir knien sehen. Ich habe alles gesehen.“

Aldo schrieb jeden Tag. Ich erinnere mich, als er „Jesus“ schrieb und es eingekreiste. Er schrieb ständig und füllte Seite um Seite. Ich verstand es nicht, und so fragte ich ihn, warum er es tat.

Danke, Jesus, dass ich sprechen werde, dass ich laufen werde.

„Erinnerst du dich an den Traum, als du Leben über mich aussprechen solltest? Jesus sagte auch mir, jeden Tag Leben auszusprechen. Und genau das mache ich.“

Dann kam eine Bitte, die wir weder erwarteten noch verstanden. Er drehte das Papier, auf dem er schrieb, seitwärts und schrieb: „Erlaubt ihr mir, mich taufen zu lassen?“ Ich fand das seltsam, da er als Baby getauft wurde. Ich versuchte, es ihm auszureden, aber Aldo bestand darauf und sprach von nichts anderem mehr. Schließlich fragte ich ihn, warum das für ihn so wichtig war. Er schrieb:

Jesus sagte, ich solle mich taufen lassen, sobald ich zurückkomme. Und wir müssen gehorsam sein, Mami.

Da wurde mir bewusst, dass es eine Anordnung von Gott war. Wir hatten nämlich bis dahin noch nie die Erwachsenentaufe mit ihm besprochen. Ich rief unseren Pastor an, der gerade in Jerusalem war, und erzählte ihm davon. Danach brachte ich Aldo in die Gemeinde, und jemand aus der Versammlung hob Aldo vom Rollstuhl ins Wasserbecken. Als Aldo getauft wurde, glänzte sein kleines Auge wie nie zuvor.

Nach der Taufe schrieb Aldo mehrere Male:

> Danke, dass du Gott gehorsam warst. Alle Leute sollten das tun. Wenn Gott spricht, müssen wir Ihm gehorchen, Mami.

Etwa einen Monat nach der Taufe lag Aldo gerade auf einem Schwimmreifen im Pool, als uns eine Freundin von mir besuchte. Sobald er sie sah, machte er ein Geräusch, etwa als wolle er sie zu sich rufen. Er gab mir zu verstehen, dass er etwas schreiben wolle. Also reichte ich ihm ein Klemmbrett und einen Stift. Hier ist das, was er schrieb:

> Ma'am, Jesus sagt, Sie müssen sich taufen lassen. Er sagt, Er hat schon seit langem mit Ihnen darüber gesprochen, aber Sie wollten nicht zuhören. Jetzt ist es Zeit, es zu tun.

Es war mir richtig peinlich, und ich wollte ihr den Zettel nicht zeigen, aber sie bestand darauf. Ich reichte ihn ihr und sie las es. Dann brach sie in Tränen aus und sagte, Aldo hätte recht. Gott hatte schon seit Monaten mit ihr darüber gesprochen, sich taufen zu lassen. Sie stieg sogleich in den Pool, und Aldo taufte sie.

Aldo fing an, mehr und mehr vom Himmel zu schreiben. Ich wusste nichts damit anzufangen. So sprach ich zu Gott: „Herr, die Dinge, die mein Kind schreibt, sind so unglaublich, so übernatürlich. Ich verstehe es nicht. Wie konnte er denn im Himmel sein?“ Er antwortete mir mit Johannes 11,40: *„Jesus spricht zu ihr: Habe ich dir nicht gesagt, wenn du glaubtest, so würdest du die Herrlichkeit Gottes sehen?“*

> Wir werden Gott im Himmel sehen, zusammen mit den Engeln und anderen Leuten wie Abraham und Mose. Anton und Dwane werden auch da sein. Ich freue mich riesig darauf, wieder in den Himmel zu kommen.
> Du nicht auch?

Wenn es manchmal schwierig mit mir ist, kommt es daher, weil ich wieder dorthin zurück will.

Mami, bitte erzähle den Menschen, dass sie entweder in den Himmel oder in die Hölle kommen. Diejenigen, die dem Teufel gehorchen, werden in die Hölle gehen, aber Gottes Kinder, die so leben, wie Er es will, kommen in den Himmel. Du und ich, wir werden Jesus zusammen sehen, Mami. Ich freue mich so sehr darauf.

An einem anderen Tag schrieb Aldo: Jesus sagt, dass wir nicht enttäuscht werden, weil Er lebt. Wir müssen nur fest an Ihn glauben. Danke, Jesus.

Es war schwer, der Tatsache ins Auge zu sehen, dass unser Sohn jetzt ein Botschafter Gottes war und noch schwerer, uns seiner Verbindung zum Heiligen Geist bewusst zu werden, und der damit verbundenen Berufung umzugehen. Obwohl Aldo noch nicht zu der Welt sprechen konnte, war sein Dienst innerhalb unseres Haus sehr effektiv.

Ich schreibe nur, was mich der Heilige Geist zu schreiben lehrt.

An dem Tag, an dem Aldo begann, nach jemandem zu rufen, der Anton hieß, war ich wirklich verwirrt. Zu diesem Zeitpunkt konnte Aldo nur wenige Worte sagen, aber er rief immer wieder nach Anton. Wir kannten niemanden, der so hieß! Ich dachte, er bräuchte mal Abwechslung. Also gingen wir zum Einkaufszentrum, aber er rief immer wieder: „Anton, Anton“. An diesem Abend schrieb er auf, dass er Anton im Himmel kennengelernt hatte. „Du musst seiner Mutter und seinem Vater sagen, dass er nun gesund ist.“ Als Aldo das sagte, machte er mit seiner Hand eine Kreisbewegung über seinem Kopf, was ich damals nicht verstand. Dann zeichnete er einen Plan, wie ich zum Haus von Antons Eltern finden könnte. Aber, anstatt zu ihnen zu gehen, legte ich die Zeichnung in die Akte, wo ich auch seine anderen Briefe aufbewahrte. Um ehrlich zu sein, ich hatte nicht vor, sie jemals aufzusuchen.

Ein paar Tage später, als uns eine Freundin besuchte, schrieb Aldo ihr eine Notiz, die aussagte, dass ich Gott gegenüber ungehorsam war.

Mama soll nach den Eltern von Anton suchen. Sie muss ihnen sagen, dass er gesund und mit Jesus glücklich ist.

Meine Freundin nahm die Skizze, die Aldo mir gegeben hatte, und machte sich auf den Weg, Antons Eltern zu suchen. Sie fand sie und überbrachte ihnen Aldos Nachricht. Es stellte sich heraus, dass Anton an dem Down-Syndrom litt. Das war es, was mir Aldo mit den kreisenden Bewegungen um seinen Kopf herum zeigen wollte. Anton sah genau so aus, wie Aldo ihn beschrieben hatte.

Aldo traf auch Dwane im Himmel. Eines frühen Morgens schrieb Aldo: „Mama, erinnerst du dich an die Leute, deren Sohn im Sand erstickt war?" Ich erinnerte mich, denn sie hatten Kontakt mit uns aufgenommen und uns unterstützt, als Aldo im Krankenhaus im Koma lag. Ich verstand aber nicht, wie Aldo von ihnen wissen konnte. Da schrieb er ihnen einen Brief:

Dwane ist gut bei Jesus im Himmel aufgehoben.
Er möchte nicht zurückkommen, aber er möchte,
dass ihr euch bereit macht.

Als Gott wieder zu mir sprach, fragte Er mich, wie Jesus geboren wurde. Ich konnte nur antworten, dass es übernatürlich war. Übernatürlich – genau wie Aldos Briefe von Gott. Es gab Tage, an denen alles, was er schrieb, war:

Glaube an Gott. Glaube an Gott.

Die eigene Stimme wiederfinden

Als ich einmal aus der Stadt nach Hause kam, fühlte ich mich so verletzt. Jemand hatte mich gefragt, wann ich endlich aufwachen und erkennen würde, dass es Aldo nicht mehr besser gehen würde. Aldo schaute mir in die Augen und fragte mich: „Wenn Gott wiederkommt, wird Er dann wenigstens eine Person finden, die noch an Ihn glaubt?"

Mein Leben wurde zu einer seltsamen Reise. Wenn ich Aldo früher für jede fünf Minuten, in denen er mal nichts sagte, Geld gab, damit ich etwas Frieden und Ruhe auf meinem Weg zwischen Pretoria und Hartebeepoort hatte, so würde ich heute jeden Betrag zahlen, um ihn jetzt nach seinem Unfall plappern zu hören. Aber heute war unser Plappermaul still. Seit vielen Tagen konnte ich nur Gott anflehen, dass Er barmherzig mit mir sein und mir helfen solle, meinen Glauben zu bewahren.

Wir waren bei mehreren Sprachtherapeuten. Bei allen hörten wir dieselbe Diagnose: Aldo würde nie mehr sprechen können.

Ich hielt mich fest an Gottes Versprechen, dass Aldo der Welt erzählen wird, dass Jesus lebt! Aber es war schwer. Nachdem wir Aldos Röntgenbilder einer weiteren Therapeutin gezeigt hatten, wollte Aldo wissen, was sie gesagt hatte. Ich konnte es ihm einfach nicht erzählen, und so sagte ich, dass ihr Terminkalender zu voll war und sie uns deshalb nicht helfen konnte.

Nachdem ich bei einem Radiosender Zeugnis gab, nahm eine Therapeutin Kontakt mit mir auf. Gott hatte sie überzeugt, Aldo zu helfen. Ich brachte Aldo zu ihr, aber als wir ankamen, schien sie zu zögern. Aldo schrieb auf einen Zettel, sie solle sich keine Gedanken machen, da Jesus selbst ihn zum Sprechen bringen würde. Jeden Tag schrieb er auf:

Jesus lässt mich wieder sprechen.

Monate vergingen, ohne dass Aldo einen Ton hervorbrachte. Aber sie ermutigte ihn immer wieder, einen Ton herauszubringen, da ein Ton irgendwann zu einem Wort werden würde. Bei einer weiteren Therapiestunde sagte ich ihm, er solle das Wort „Caterpillar" (Raupe) für sie aussprechen. Er öffnete seinen Mund und sagte „Cat - er - pil - lar". Und plötzlich sprach er.

Heute spricht Aldo ziemlich klar, wenn auch etwas monoton. Der Weg bis zu diesem Punkt, an dem ich ihn hören und verstehen konnte, hat mir wieder einmal gezeigt, dass meine Zeit nicht Gottes Zeit ist.

An seine Freunde, die für ihn gebetet hatten, schreibt er folgende Notiz:

Jesus hat mein Leben gerettet. Er möchte unser Leben zu Seiner Ehre gebrauchen. Wir müssen Ihn ehren. Danke, dass ihr alle für mich gebetet habt. Jesus hat mir gesagt, dass ihr für mich gebetet habt. Er war so stolz auf euch, weil ihr Ihm vertraut habt. Er liebt euch über alles. Wir müssen Ihn glücklich machen, indem wir Ihm dienen. Er möchte uns segnen und uns mit Seinem Heiligen Geist salben. Wir werden eines Tages alle vor Seinem Thron stehen.

Aldos Briefe gaben mir Hoffnung. In einem schrieb er, dass seine Mutter ihn mit Liebe überschüttet; sie weiß, dass er geheilt werden wird, weil sie mit ihm in Gottes Thronsaal war, wo Jesus ihr versprach, dass Er ihn heilen würde. Er fügte hinzu, dass Jesus schon den Preis für seine Heilung bezahlt hatte und wir nicht aufhören dürfen zu glauben.

Aldo schreibt, dass er und ich einander immer wieder Gott opfern werden und vor aller Welt bezeugen werden, denn, und dies schreibt er in großen Buchstaben …

„… die Welt muss hören, dass Jesus lebt!"

In einem anderen Brief schreibt Aldo, dass Jesus sagt, dass Unfälle passieren, weil wir noch in der Welt leben. Er sagt, Tinus und ich sollen uns nicht die Schuld für das geben, was passiert ist, weil Jesus sagt, dass wir dadurch Seinen Namen verherrlichen.

Obwohl Aldo während des Schuljahres 2004 sechs Monate lang die Schule nicht besuchte, bestand er seine Prüfungen am Ende des Jahres mit Auszeichnung. Eine bemerkenswerte Leistung, da er nicht ohne Hilfe schreiben und nur hier und da mal ein Wort sprechen konnte! Wir stellten eine Lehrerin ein, die Aldo das folgende Jahr zu Hause unterrichtete. Als sie aber nach diesem Jahr kündigte, wusste ich nicht, ob und wo wir jemals eine andere Lehrerin finden würden, die den Unterricht für Aldo übernehmen würde. Es hört sich vielleicht an, als hätten wir alles unter Kontrolle, wenn ich über Aldo rede, aber es war nicht einfach, ihn zu unterrichten. Die Tatsache, dass er eine Gehirnverletzung erlitten hatte, stand außer Frage, und wir mussten alles bewältigen, was dies mit sich brachte.

Während der Schulferien betete ich zu Gott, mir zu zeigen, was wir in Bezug auf Aldos Bildung tun sollten. Nur Wenige konnten Aldo verstehen, wenn er sprach. Mir war bewusst, egal, wer Aldos Fürsorge übernahm, diese Person musste wirklich außerordentlich gut sein, fast übernatürlich. Sie müsste ein Engel sein! Aber im Geist wusste ich, dass ich mir keine Sorgen machen brauchte. Gott hatte auch in dieser Situation die Kontrolle.

Als ich zu Hause war, setzte sich die beste Frau für diesen Job mit uns in Verbindung. Sofort sah ich die Liebe Jesu in ihren Augen, als sie unser Haus betrat. Sie war die Antwort auf meine Gebete. Früher war sie Sonderschullehrerin und hatte Gott im Jahr zuvor gesagt, dass sie sich wünschte, wieder mit Kindern zu arbeiten. Sie hatte von Aldos Unfall in den Nachrichten gehört und sagte mir, wie begeistert sie war, von seinen Fortschritten zu lesen. Als sie die Berichte in der Zeitung las, wusste sie noch nicht, dass sie in Gottes Plan für Aldos Leben eine bedeutende Rolle spielen würde.

Und so wurde Patricia (oder Patrys, wie wir sie nannten) Aldos Lehrerin. Sie behandelte ihn immer mit viel Liebe und Freundlichkeit, sogar wenn er launisch und schwierig war, und sie unterstützte uns in der Zeit, als er einen Rückfall hatte und sehr krank war. Jedesmal, wenn ich sie fragte, wie es Aldo ging, antwortete sie immer, dass es ihm sehr gut gehe. Auch sie spricht Leben aus und hält an ihrem Glauben fest. Für mich ist Patrys ein lebendiges Beispiel für 1. Korinther 13,13: *„Nun aber bleibt Glaube, Hoffnung, Liebe, diese drei; die Größte, aber von diesen ist die Liebe.“* Aldo sieht oft Engel und spricht mit ihnen. Als ihn kürzlich jemand fragte, wie ein Engel aussehe, schrieb er auf, dass jemand, der einen Engel auf Erden sehen wollte, nur seine Lehrerin anzuschauen bräuchte. Als ich dies in seinem Tagebuch las, weinte ich. Vielleicht würden andere Leute das nicht verstehen, aber für uns ist Patrys wirklich ein Engel, von Gott gesandt, uns zu segnen. Miss Patrys ist Aldos Schutzengel. Sie bringt ihn nicht nur jeden Tag zur Therapie, sondern schützt ihn, sorgt für ihn, unterrichtet ihn und hält ihn zur Disziplin an. Sie begleitet ihn auf seinem Weg.

Danke, Herr, dass Du uns Patrys gesandt hast!

Eines Nachts im September 2006 verschwand Aldo aus dem Haus. Als Tinus gegen 3 Uhr morgens aufstand, um Aldo zur Toilette zu bringen, konnte er ihn nirgends finden. Er weckte mich auf, und wir begannen, nach unserem Sohn zu suchen. Ich erinnere mich noch, dass ich einen Witz darüber machte, dass die Entrückung wohl stattgefunden haben müsste. Tinus fand das nicht lustig. Schließlich fanden wir Aldo auf dem leeren Grundstück neben unserem Haus. Er stand unter einem Baum und sprach mit jemandem, den nur er sehen konnte.

„Mit wem sprichst du, Aldo?“ erkundigte sich Tinus. „Kannst du ihn nicht sehen?“ entgegnete Aldo. Wir antworteten, dass wir außer ihm niemanden sahen. „Es ist der Engel Raphael“, erklärte Aldo. Da niemand bei Sinnen um drei Uhr morgens draußen in der Provinz Gauteng herumläuft, brachten wir Aldo zurück ins Haus. Obwohl wir ihm sagten, er solle aufhören, redete Aldo weiter. Ich nahm an, dass der Engel ihre Unterhaltung noch nicht beendet hatte, und da er immer noch redete, tat Aldo das auch.

„Sag' Raphael, dass du jetzt schlafen gehen sollst, weil du morgen Schule hast", sagte ich, in dem Versuch, Aldo zu beruhigen. Aber es war unmöglich. Die Gegenwart des Engels in unserem Haus war einfach überwältigend. Am folgenden Tag schrieb Aldo:

Jesus sagt, ich solle nachts nicht mehr hinausgehen. Er selbst wird mich heilen.

Am nächsten Tag suchte ich im Internet nach Raphael. Es stellte sich heraus, dass er in einem der apokryphischen Bücher der Bibel als Erzengel der Heilung erwähnt ist. Er ist angeblich einer der sieben Engel, die die Gebete der Gerechten tragen und in die Herrlichkeit Gottes treten können. Es wird behauptet, dass Raphael gesandt wurde, um Tobit von Blindheit zu heilen und den unreinen Geist Asmodeus zu binden, dessen Aufgabe es gemäß eines Mythos war, Ehen zu zerstören.

Ich fragte Gott, warum nur Aldo Begegnungen mit Engeln habe. Warum konnten wir sie nicht auch sehen? Die einzige Antwort, die ich bekam, war ein weiteres Gebet: *„Öffne doch deine Augen, dass du siehst!"* (2. Könige 6,17)

Ich werde oft eingeladen, um Zeugnis zu geben. Auch haben Leute Aldo gebeten zu reden, aber er ist noch nicht soweit, dass er Zeugnis geben kann. Obwohl sein Geist ein Riese ist, stimmt sein Körper noch nicht mit Gottes Willen und Wort überein. Er schreibt oft in sein Tagebuch, dass Gott das Werk, das Er in ihm angefangen hat, auch vollenden wird. Das sind die Tage, an denen mein Geist sich freut: „Jesus lebt!"

Auf gewisse Art und Weise gibt Aldo jetzt schon Zeugnis. Er schreibt fast jeden Tag.

Mami, sag' der Welt, dass Jesus lebt! Ich sah Ihn und Mose und Abraham und die Engel. Gott saß auf Seinem Thron und sagte mir, ich solle der Welt von Ihm erzählen.

Aldo hat die Gabe der Prophetie, aber es fällt ihm schwer, sich klar auszudrücken. Vielleicht sollte ich ein Beispiel erzählen, um damit zu erklären, was ich zu sagen versuche. Einmal hat er über eine seiner Lehrerinnen prophezeit, die sich um ihn kümmerte, als Patrys eine dringende Angelegenheit zu erledigen hatte. Die besagte Lehrerin hatte gerade eine Fehlgeburt gehabt, und es fiel ihr sehr schwer, damit umzugehen. Er schaute in ihre Augen und sagte ihr, dass er einen goldenen Faden sehe, der durch sie durch lief. Er sagte ihr weiter, sie würde am 11. Oktober 2006 einen kleinen Jungen haben. Seine Botschaft gab ihr Hoffnung, und sie hielt im Glauben fest daran. Bald fand sie heraus, dass sie tatsächlich wieder schwanger war. Ihr Entbindungstermin war etwa am 18. November, aber sie glaubte Aldos Prophetie und bereitete sich darauf vor, dass das Baby am 11. Oktober geboren wird. Als hätte es nicht anders sein können, bekam sie am 11. Oktober starke Wehen und wurde ins Krankenhaus eingewiesen. Der Gynäkologe versuchte, die Geburt noch zu verzögern, aber am 13. Oktober konnte er die Wehen nicht länger aufhalten, und der Junge kam durch einen Kaiserschnitt zur Welt. Sie bestätigt oft, dass das Baby am 11. geboren wäre, wenn der Doktor nicht eingegriffen hätte, genau so, wie Aldo es prophezeit hatte. Gott hat immer zu 100 Prozent Recht.

Als ich eines Tages eine Kundin beriet, kam Aldo gerade von der Schule nach Hause. Er schaute die Frau, die bei mir war, an, und sie schaute ihn an. Sofort wusste ich, dass etwas passieren würde, wenn er jemanden so anblickte. Er nahm ihre Hand und erzählte ihr, dass Jesus ihn vom Himmel zurückgeschickt hat, um der Welt zu erzählen, dass Jesus lebt. Ich entschuldigte mich für sein Benehmen. Sie strahlte über das ganze Gesicht und sagte, es mache ihr nichts aus, da sie an die Reinkarnation glaube.

Reinkarnation! Sie tat mir leid, weil ich wusste, dass sie die Wahrheit nicht kannte. Gottes Wort lehrt uns in Hosea 4,6: *„Mein Volk kommt um aus Mangel an Erkenntnis.“* Wenn sie das Wort kennen würde, würde sie die Wahrheit kennen, die in Hebräer 9,27 steht, dass Leute dazu bestimmt sind, *„... einmal zu sterben, danach aber das Gericht.“* Ich hoffe, dass Sie verstehen, was ich mit diesen beiden Beispielen meine. Aldo hat oft eine Botschaft für bestimmte Leute, und ich glaube, er hat ein starkes Zeugnis, aber er kann sich noch nicht immer verständlich ausdrücken.

Aldo verglich sich mit einem anderen Propheten aus der Bibel: Samuel. Aldo hat einmal geschrieben, dass er wie Samuel war, der zum Tempel zurückgehen musste, um die Schriften zu studieren. Als Samuel 12 Jahre alt war, kehrte er zum Tempel zurück, und Aldo war 12 Jahre alt, als der Unfall passierte. „Mami, du bist wie Hanna aus der Bibel. Sie war Samuels Mutter. Samuel gehörte ihr nicht, und ich gehöre dir auch nicht mehr, Mami. Denk' dran, du hast mich Gott geopfert. Ich gehöre jetzt Ihm“, sagte Aldo.

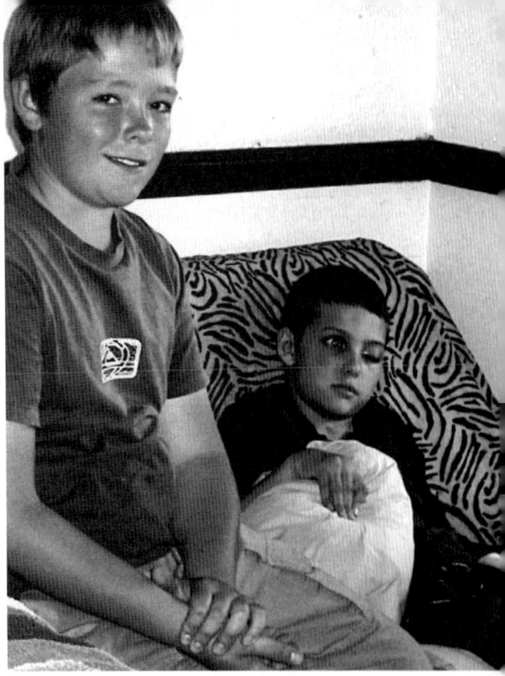

Freundschaft in Bedrängnis

Vor dem Unfall war Aldo auf einer öffentlichen Schule und hatte viele Freunde. Nur einer dieser Freunde, sein Name war Bradley, rief auch nach dem Unfall noch weiterhin an. Selbst als Aldo im Koma lag, erkundigte sich Bradley nach seinem Befinden. Ich erinnere mich, dass er uns besuchte, als Aldo aus dem Krankenhaus kam. Bradley zeigte uns einfach immer wieder seine Zuneigung. Er massierte sogar Aldos Füße, um die Muskelverspannungen zu lindern. Ich fragte ihn einmal, ob es nicht schwierig sei, Aldo so zu sehen. Er antwortete, dass Aldo immer noch derselbe war, nur besser.

Gott segne Bradley!

Eine Lehrerin von Aldos vorheriger Schule veranlasste die Mitschüler der Jahrgänge 2005 und 2006 am Ende eines jeden Schuljahres, Aldo zu besuchen. Mir bedeutete dies viel, aber für sie wurde Aldo zu einem Fremden, und sie hielten immer mehr

Abstand zu ihm. Nach einem solchen Besuch saß Aldo auf der Terrasse und starrte zum Damm hinüber. Er versteckte sein Gesicht und machte dieses Geräusch, wie wenn er weinte. Als ich ihn nach der Ursache fragte, bat er mich nur, mit ihm zu beten. Am nächsten Tag verfasste er eine Notiz darüber in sein Tagebuch. Obwohl er sich nach ihnen sehnte, war er sich bewusst, dass sie zu einem Lebensabschnitt gehörten, der für immer vorbei war. Sie kamen auch nicht wieder. Sie gingen in ihrem Leben vorwärts, und er blieb zurück.

Wir gingen mit Aldo zu dem Schönheitswettbewerb der Miss Südafrika, weil wir wussten, dass es ihm gefallen würde. Zu diesem Zeitpunkt konnte er sowohl schreiben, als auch reden, und geistlich hatte er enorme Fortschritte gemacht. Eine Frau und ein kleines Mädchen gingen an uns vorbei, als Aldo gerade mit uns redete. Wenn Aldo spricht, hebt er seine Hand. Wir wissen nicht, warum er das tut und versuchen ihm beizubringen, es nicht zu tun, aber das Mädchen hatte es gesehen. „Schau mal das Kind, was für ein Verrückter!" rief sie. Tinus und ich schauten uns nur an, ich war erschüttert, dass Aldo hörte, was sie gesagt hatte. Er sagte mir sofort, ich solle ihr vergeben, aber ich war zu bestürzt, entschuldigte mich, ging zurück ins Hotelzimmer und weinte bitterlich. Ich sagte Gott, ich könne nicht mehr. Menschen können so grausam sein.

Ein ähnliches Erlebnis passierte noch einmal, als mir eine liebe Freundin etwas nach Hause vorbeibrachte. Ihre Kinder blieben im Auto, als sie auf die Terrasse kam. Ich fragte sie, warum die Kinder nicht hereinkommen wollten und sie antwortete, dass ihnen der Umgang mit Aldo unangenehm wäre.

Aldo stand in Hörweite, drehte sich um und lief zum Haus. Er stolperte über die Stufen, lief aber weiter und krabbelte schließlich ins Haus. Er ging in sein Zimmer und schloss die Tür.

Mein Herz zerbrach. Ich schaute die Frau an und wusste, ich musste ihr vergeben, da ich in meinem Leben auch Gottes Vergebung brauchte.

Es kamen nur wenige Leute, die uns in dieser Zeit besuchten, und diejenigen, die kamen, kamen ohne Kinder.

Ich möchte gerne wieder mit meinen Freunden spielen.
Ich möchte einfach nur leben wie andere Leute.

Wir fanden heraus, dass Kinder im Allgemeinen nicht wissen, wie sie mit behinderten Personen umgehen sollen und lieber Abstand halten, anstatt sich mit ihnen zu befassen. Ich wünschte mir, dass die Leute lieber gar nicht zu uns kämen, als dass sie ohne ihre Kinder kommen. Mir kam es vor, als dächten sie, Aldo sei nicht gut genug, um sich mit ihren Kindern zu unterhalten. Ich wusste, dass Aldo deswegen auch verletzt war und gab den Eltern die Schuld dafür. Viele Freundschaften wurden auf die Waage gelegt und für nicht gut befunden.

Unser Unterstützungssystem hatte versagt. Ich lernte daraus, dass ich mich auf andere Menschen nicht verlassen kann. Wir mussten uns an unserem Glauben festhalten und auf Gott allein vertrauen. Heute kann ich sagen, dass Gott mir geholfen hat, jedem zu vergeben, der uns verletzt hat, ob es absichtlich war oder aus Versehen. Ich bin sehr dankbar, dass Gott uns auf diesen Weg geführt hat. Ich weiß, dass ich nur das Ziel erreichen kann, wenn ich bereit bin, mir selber und mit Christus zu sterben, damit ich auch mit Ihm leben kann.

Der Unfall ist jetzt drei Jahre her. Aldos Genesung und sein leibliches Wohl verbessern sich jeden Tag. Er und Patrys besuchen eine private Schule, die ihn aufgenommen hat und von wo aus uns viel Liebe gezeigt wird. Er spielt sogar mit anderen Kindern Fußball. Er trägt einen Helm und Knieschützer, weil er oft hinfällt. Er rennt vier Schritte und fällt vier Schritte. Er steht

immer wieder auf, um weiterzurennen und dementsprechend auch, um weiter zu stolpern. Er bekommt immer Beulen am Kopf, und seine Beine und Knie sind dauernd verschrammt.

Im April 2006 schrieb Aldo:

> Ich werde eines Tages wieder Fußball spielen. Bitte, Mami, willst du mir bei meinem Laufen und Sprechen helfen?
> Ich weiß, ich werde wieder rennen und das Evangelium predigen. Gott wird uns in die ganze Welt schicken und wir werden jedem sagen, dass Jesus lebt!

Die Kinder an seiner Schule halten ihn oft unter den Armen und rennen mit ihm über das Fußballfeld. Ich kann nicht oft genug sagen, wieviel mir das bedeutet! Ich werde nie in der Lage sein, den Kindern meine Dankbarkeit gegenüber auszudrücken, die ihn lieben und ihn so bedingungslos akzeptiert haben.

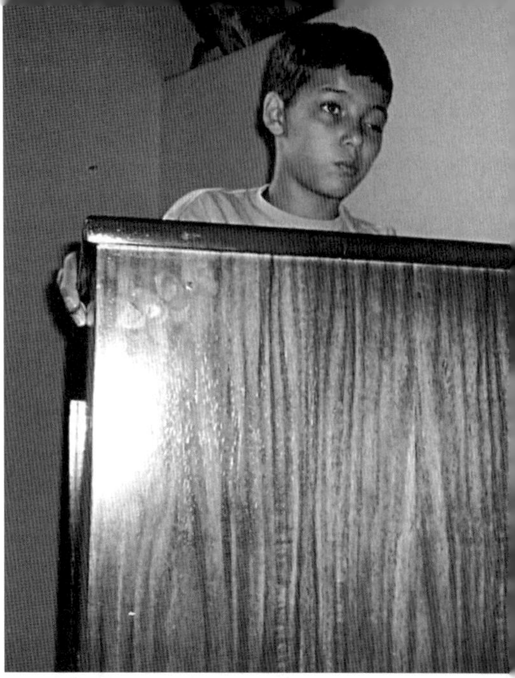

DEN BRÄUTIGAM ERWARTEN

Wenn Aldo und Josh abends zusammen baden, ruft Aldo manchmal ganz laut: „Jesus! Jesus!“ Josh folgt dem Beispiel seines großen Bruders und tut es ihm nach. Sie machen solch einen Lärm, dass ich das Fenster schließen muss, weil ich fürchte, was die Nachbarn wohl denken könnten. „Aldo, warum rufst du nach Jesus, wenn du badest?“ fragte ich ihn eines Abends, als ich auf dem Wannenrand saß.

„Ich möchte, dass Jesus kommt und mich abholt, weil es im Himmel so viel besser ist als hier auf der Erde“, antwortete er. Er erzählte mir einmal, dass sein Haus im Himmel schon seinen Namen trägt.

„Mami, du musst mit mir beten, damit Jesus kommt und mich in den Himmel holt“, sagte er.

Oh, mein lieber Junge, wenn du nur wüsstest, wie viel ich gebetet habe, um dich noch etwas länger hier zu behalten!

Jemand hat Aldo kürzlich erzählt, dass er vor dem Sterben Angst hat. Am folgenden Tag schrieb Aldo an Alle, die Gottes Angesicht suchen:

Jeder, der wie ich die Gegenwart Jesu sucht, sei bereit, wenn Er zu uns zurückkommt. Es wird früher geschehen, als du denkst. Wirst du Ihn als deinen persönlichen Retter annehmen? Wenn du es nicht tust, wirst du zur Hölle gehen. Bitte, tue es jetzt, solange du noch die Gelegenheit dazu hast. Jesus hat schon den vollen Preis für dich und mich bezahlt. Er hat mir alles im Himmel und in der Hölle gezeigt. Glaube mir, wenn ich dir sage, dass du nicht in die Hölle gehen willst. Bitte, magst du Jesus nicht jetzt annehmen? Jesus liebt dich sehr, glaube mir. Du bist der Grund, warum Er mich zurückgesandt hat. Ich wollte nicht zurückkommen, aber Er hat mich zurückgesandt, damit du für Seine Rückkehr bereit bist.

Aldo spricht oft von der goldenen Brücke vor den Toren zum Himmel. An einem Abend versteckte er seinen Kopf in seinen Armen und machte das weinende Geräusch. Ich fragte ihn, warum er weine.

„Da ist eine riesige goldene Brücke (im Himmel). Viele Leute strömen über die Brücke, um zu dem Perlentor auf der anderen Seite zu gelangen. Aber wenn sie ankommen, können sie nicht hinein. Sie stehen vor dem Tor und weinen“, erklärte er.

„Warum können sie nicht hinein, Aldo?“

„Weißt du es nicht, Mama? Drinnen findet eine Hochzeit statt, aber die Leute draußen tragen schmutzige Kleidung und können deshalb nicht hinein. Sie waren nicht bereit.“

„Schmutzige Kleidung?“

„Ja, sie sind alle schmutzig, weil sie Jesus nicht kennen.“

Jesus kam nicht auf die Erde, damit wir eine Religion bekommen! Er gab sein Leben, damit wir eine innige Liebesbeziehung zu Gott bekommen.

Einen Tag später, nachdem Aldo und ich über die goldene Brücke gesprochen hatten, schrieb er nur zwei Worte auf: Matthäus 25. Daraufhin habe ich das ganze Kapitel in meiner Bibel gelesen. Es geht um die zehn Jungfrauen. Sie stehen für die Kirchengänger, diejenigen, die sich als Christen bezeichnen. Alle zehn hatten Öl in ihren Lampen und erwarteten den Bräutigam, aber nur fünf waren auf seine Rückkehr vorbereitet. Gottes Braut muss für Seine Rückkehr bereit sein. Du kannst nicht warten, bis du Ihn kommen siehst, bevor du dich fertig machst. Du musst es jetzt tun! Die Trompeten erschallen schon, aber die Braut ist immer noch nicht fertig.

Als ich das las, kniete ich mich hin und betete. Ich sagte Gott, ich werde so lange auf meinen Knien bleiben, bis Er mir zeige, wie ich dorthin komme, wohin Er mich haben wolle. Ich wolle für Seine Rückkehr bereit sein. Ich wollte nicht immer den schwierigen Weg hier auf der Erde hinaufgehen, nur um festzustellen, dass ich nicht bereit bin, wenn Er zurückkommt. So wie Jakob habe ich mit Gott gerungen und war entschlossen so lange dran zu bleiben, bis Er mich segnete.

Ich wartete auf Gott. Oft geben wir im Gebet zu schnell auf. Stattdessen sollten wir im Gebet ausharren bis wir in Seine Gegenwart kommen, damit wir ein Rhema-Wort (lebendiges Wort) empfangen, das unser Leben verändert. Als ich an jenem Tag betete, kam für mich der Durchbruch. Mir war, als wär ich ein Ei in einer wunderschönen Schale, die ich immer poliert hatte. Man lebt egoistisch, denn alles im Leben dreht sich um einen selbst. So lebte ich, bevor ich Jesus kannte: Ich hatte die Kontrolle über mein Leben, und alles drehte sich um mich. Das war mein Weg.

Das Besondere ist, dass der nahrhafte Teil eines Eies innen ist. Die Schale muss aufgebrochen werden, damit das nahrhafte Ei jemanden nähren kann. Ich musste mir selber sterben (meine Schale musste brechen), bevor ich mit Gott eins werden konnte, genauso wie man das Ei mit Mehl mischt, um Brot zu backen.

Meine Erfahrungen haben mich auch gelehrt, dass es nicht darauf ankommt, wer es mischt, oder wie es gemischt wird. An manchen Tagen habe ich aus Verzweiflung zu Gott geschrieen, ich habe oft nicht verstanden, warum dieses Unglück ausgerechnet mein Kind traf. „Warum, Herr? Warum?“ fragte ich. Ich wollte Antworten! Aber es ist so: Glaube braucht keine Antworten. Der Glaube ist sich der Dinge sicher, auf die wir hoffen. *„Der Glaube aber ist eine Wirklichkeit dessen, was man hofft, ein Überführtsein von Dingen, die man nicht sieht.*“ (Hebräer 11,1) Der Glaube vertraut darauf, dass Gott die Antwort weiß.

Der Mischprozess ist für jeden anders, je nach seinen eigenen Umständen. Aber eines weiß ich sicher: Wir sind nur aus einem Grund auf der Erde, und der ist, Gott zu verherrlichen. Je mehr Zeit wir mit Ihm verbringen, desto mehr kann Er unseren Charakter formen, damit er Ihm immer ähnlicher wird. Und so werden Ei und Mehl so lange gemischt, bis es nicht mehr möglich ist, sie wieder zu trennen. Als ich dies erkannte, wurde Römer 8,35-39 mein Rhema. Jetzt wusste ich, dass mich nichts mehr von der Liebe Gottes trennen konnte. Deswegen nehme ich das Versprechen in Johannes 14,13-14 für mich in Anspruch, dass ich, egal, worum ich in Seinem Namen bitte, auch empfangen werde.

Diese Ei- und Mehlmischung kommt in die Backform und wird in einem heißen Ofen gebacken. Der Ofen meines Lebens war manchmal so heiß, dass ich flüchten wollte, aber nicht konnte. Gottes Charakter wurde in mir geformt. Ich erzählte Tinus von diesem Vergleich und bemerkte, dass die Leute, die nicht in Gottes Feuer waren, immer noch genau das machten, was ihnen gefiel. „Deshalb sollten wir für sie beten", antwortete er, „denn es gibt keinen besseren Ort als den, wo wir gerade sind."

Nachdem das Brot aus der Form genommen wird, wird es auf einen Teller gelegt. Der Gastgeber bricht es, und das Aroma verteilt sich im ganzen Haus. Ich kann Gott beinahe sagen hören: „Erst jetzt kann ich die Welt mit dir füttern. Jetzt sind wir eins und du weißt, dass dich nichts wieder von mir trennen kann."

Kurz nachdem ich diese Begegnung mit Gott hatte, fing Aldo an, in seinem Tagebuch über die Braut zu schreiben. Er schreibt, dass Jesus für seine Braut zurückkommt, und er ermutigt mich oft, der Welt davon zu erzählen.

Gott hat auch zu mir über die Braut gesprochen und auch davon, wie sie sich in Seiner Gegenwart verhalten wird. Die Braut wird mit dem Bräutigam eine innige und liebevolle Beziehung haben. Sie werden sich wie Ehemann und Ehefrau verhalten, da sie im Glauben zum Erwachsenenalter herangereift sein werden. Die Braut wird nicht zu dieser intimsten Beziehung gezwungen. Sie entschied sich dafür, als sie Ihm ihr Leben hingab, und aufgrund dieser Hingabe wird sie in Seine Herrlichkeit gekleidet werden.

Die Braut muss eine reife Erwachsene im Glauben sein, denn Gott wird Seine Geheimnisse nicht mit einer unreifen Jugendlichen teilen. Er offenbart Seiner Braut alles, während sie friedlich an Seiner Brust liegt und nicht nur auf Seine Stimme hört, sondern auch auf Seinen Herzschlag.

Gottes Wort ist ein lebendiges Wort. Jesus ist vorangegangen, um für Seine Braut im Himmel einen Ort vorzubereiten. Du und ich sind die Braut. Wirst du dem Bräutigam „Ja" sagen? Wir werden zusammen tanzen und singen. Gib Ihm dein Leben und werde Seine Braut. Weil wir Gottes Geist haben, können wir ein heiliges Leben führen. Ich bin Seine Braut. Wie ist es mit dir?

Solange die Braut noch hier auf der Erde ist, dient sie den Kindern Gottes. Selbst, wenn sie müde ist, arbeitet sie weiter für Ihn. Obwohl sie nicht genau weiß, wann Er kommen wird, erwartet sie Ihn zu jeder Zeit. Ständig verändert sie sich, sie wächst und reift. Jedesmal, wenn sie in Seine Gegenwart kommt, gleicht sie Ihm ein bisschen mehr. Er spiegelt sich in ihren Augen wider. Wenn Er sie ansieht, sieht Er nur das Blut Jesu, das sie bedeckt. Wenn sie in die Welt hinausgeht und die Menschen sie anschauen, sehen sie Gott. Auch der Geist Gottes wohnt in Seiner Braut, und auf diese Weise sind sie schon Eins.

Jesus kommt für seine Braut!

Jesus ist vorangegangen, um für Seine Braut einen Ort im Himmel vorzubereiten, aber nicht alle Christen werden Teil der Braut sein. Nur diejenigen, die bereitwillig ihr Leben hinlegen, werden zum Hochzeitsfest eingehen. Wirst du dem Bräutigam mit „Ja!" antworten? Er wartet darauf, dass du die Kontrolle über dein Leben abgibst und zu Seiner Braut wirst. Obwohl jeder zur Hochzeit eingeladen wurde, muss jeder selbst entscheiden, sein eigenes Leben aufzugeben, um Seine Braut werden.

Er möchte kommen, um Seine Braut zu holen, aber sie ist nicht bereit. Sie muss aufhören zu sündigen, denn Gottes Braut ist heilig. Mami, du musst jedem sagen, dass wir die Laodizeagemeinde sind. Gott wird diejenigen richten, die Ihn nicht annehmen.

Der Psalmist fragt in Psalm 15,1: *„Herr, wer darf in deinem Zelt weilen? Wer darf wohnen auf deinem heiligen Berg?"*

Gott antwortet in Vers 2: *„Der rechtschaffen wandelt und Gerechtigkeit übt und Wahrheit redet in seinem Herzen."*

Das sind hohe Anforderungen – schuldlos und gerecht zu sein. Aber durch das Blut Jesu wurden wir geheiligt, und so können wir in sein Reich eintreten durch die Errettung Gottes in Jesus Christus.

Wenn Gott jetzt zu dir spricht, gehorche Ihm. Gib dein eigenes Leben auf und lege es in Seine Hände und werde heute noch Teil Seiner Braut!

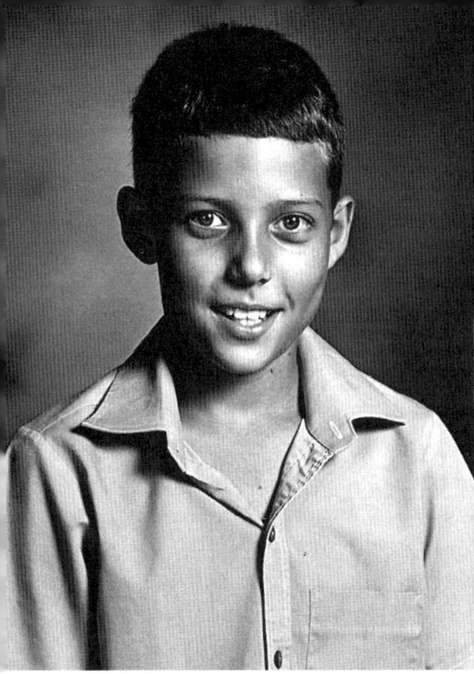

EINE NEUE WIRKLICHKEIT

Ich habe lange gebraucht, bis ich genug Mut aufgebracht habe, dieses Kapitel zu schreiben. Mir würde nichts besser gefallen, als Ihnen schreiben zu können, dass Aldo wieder zu hundert Prozent genesen ist, genauso gesund wie vorher. Aber das kann ich nicht. Der Weg der Genesung bei Menschen mit Kopfverletzungen ist ein langer und beschwerlicher Weg. Wenn ich jedoch an all die negativen Prognosen denke, die er erhielt, dann ist seine Genesung bis heute mehr als ein Wunder. Aldo kann immerhin laufen, auch wenn es etwas langsam ist, weil er immer noch Probleme mit dem Gleichgewicht hat und oft hinfällt. Er wird schnell müde und dadurch emotional und schwierig. Ich denke, dann ist er so wie jeder andere Teenager auch.

Aldo kann immer noch nicht laut lachen, aber das sanfte Lächeln um seine Mundwinkel herum treibt mir die Tränen in die Augen.

Die Verletzung seines Mittelhirns bereitet ihm immer noch Schwierigkeiten zu schlafen. Oft kommt er zwischen drei und vier Uhr morgens in unser Bett gekrabbelt. Ich lächele im Dunkeln, während ich für ihn Platz mache. Wenn ich seine langen Beine um mich geschlungen fühle, danke ich Gott, dass er lebt und hier mit uns zusammen ist. Dann umarmen mich diese langen ungelenken Arme, und er sagt: „Ich hab' dich lieb, Mami" und die Welt ist wieder in Ordnung.

Auf dem Weg seiner Genesung sind einige Tage besser als andere. Aldos rechte Hand geht immer noch unwillkürlich in die Luft, wenn er spricht. Wir versuchen, ihm beizubringen, diese Hand in der Hosentasche zu lassen, wenn wir unter Leuten sind, aber es funktioniert nicht immer. Eines Tages, als er nach Hause kam, war der Daumen seiner rechten Hand schmerzhaft angeschwollen. Er wollte nicht darüber reden, aber nach einer Weile kam die Geschichte heraus. Seine Hand ging beim Reden wieder hoch, und einer seiner Mitschüler brach ihm fast seinen Finger. Der Junge erklärte, er habe es getan, weil es ihn „irritierte", wenn Aldos Hand jedesmal so hoch geht.

„Was soll ich dazu sagen, Herr?" betete ich still. „Wie viel mehr können wir noch ertragen?"

Alles, was ich tun konnte, war, Aldo fest an mich zu drücken, etwas Salbe zu holen und seinen Daumen zu verbinden. Wie ich schon erwähnt habe: Manche Tage sind schlimmer als andere.

Das eine Augenlid hängt immer noch herunter. Aber ich gebe die Hoffnung auf seine Genesung nicht auf. Ich spreche Leben aus und vertraue darauf, dass Gott auch diesen Nerv heilt.

Aldo spricht langsam und monoton, aber er spricht zumindest deutlich. Allerdings hat nicht jeder die Zeit oder Geduld, ihm zuzuhören. Ich habe den Schmerz in seinen Augen gesehen, wenn Leute sich abwenden, während er noch mitten im Satz ist, oder ihm sagen, er solle still sein, weil sie in Eile sind.

In solchen Momenten ist mir zum Weinen zumute. Wie oft habe auch ich ihm vor dem Unfall gesagt, er soll still sein? Und dann erinnere ich mich an die Monate der Stille, die folgten und ich wieder und wieder gebetet hatte, dass Gott mit mir Gnade habe möge. „Lass ihn doch einfach wieder reden, Herr", flehte ich. Deswegen höre ich meinem kostbaren Sohn immer geduldig zu, egal wie beschäftigt ich bin.

Aldo ist ein Teenager, und wie andere Jungen in seinem Alter bemerkt er hübsche Mädchen.

„Warum beachten sie mich nicht, Mama?“ fragte er mehr als einmal. „Ist es wegen meines Auges oder meiner Art zu reden?“

Es bricht mir das Herz. Alles was ich habe, sind die Verheißungen in Gottes Wort. Ich sage meinem Sohn: „Jesus hat einen Plan für dein Leben, eine strahlende Zukunft und eine außerordentliche Frau. Sie wird dich verehren, und ihr Beide werdet durch die Welt reisen und Zeugnis geben und das Wort Gottes verkünden. Glaube mir, Aldo. Ich weiß, Gott hat schon eine ganz besondere Frau für dich vorherbestimmt. Sie wird deine rechte Hand sein, weil deine zittert und sich unkontrolliert bewegt. Sie wird dich bedingungslos lieben, und sie wird Gott lieben und zu Ihm gehören. Sie wird dich trotz deiner Behinderung lieben und wird dich vollkommen akzeptieren, weil ihr Geist mit Gottes Geist eins sein wird.“

Mein Sohn ist viel ruhiger, als er es früher war. Auch wenn viele Menschen um ihn herum sind, schließt er seine Augen und betet. Er betet immer, und ich weiß, dass er ein geistliches Gebetshaus baut. In vielen Nächten finde ich ihn auf seinen Knien, wo er so auf Gott wartet. Ich weiß, dass er auch die Gabe der Prophetie hat. Oft zitiert er Schriftstellen, die ich noch nicht einmal selber kenne. Wenn ich ihn frage, woher er sie kennt, ist seine Antwort immer dieselbe:

„Jesus hat das Wort in mein Herz geschrieben, als ich im Himmel bei ihm war. Ich war tot, aber Gott kam und blies Seinen Heiligen Geist in mich, und ich wurde lebendig!“

Jesus sagt, ich muss akzeptieren, dass ich auf die Erde zurückgekehrt bin. Ich nehme es jetzt an, und es wird mir besser gehen. Bitte glaube weiterhin, dass es passieren wird, und du wirst meine Heilung mit deinen eigenen Augen sehen. Danke, dass du mich liebst. Danke, dass du auch Jesus liebst. Wir werden zusammen Gottes Wort verkünden, weil Er uns für die Endzeit auserwählt hat. Mami muss so lange sprechen, bis ich es tun kann.

Aldo geht es jeden Tag besser. Am 30. April 2007 wurde er 15. Er und Tinus haben Geschmack am Radfahren gefunden und haben sogar schon an ein paar Fahrradrennen in der Tandemkategorie teilgenommen, da Aldos Gleichgewicht noch nicht stabil genug ist. Er geht auch regelmäßig reiten und trainiert im Sportrehabilitationszentrum der Universität von Pretoria. Sie lehren ihn auch, richtig zu laufen. Wenn er schließlich von all seinen Aktivitäten nachmittags nach Hause kommt, ist er äußerst erschöpft, aber er macht Fortschritte. Er läuft jetzt viel besser und kann Treppen steigen. Er kann sogar die Abdeckung vom Schwimmbecken entfernen und schwimmt gerne. Ich beobachte ihn oft von meinem Bürofenster aus, wenn er im Wasser spielt, dass es nur so platscht. In solchen Momenten bin ich Gott für seine Barmherzigkeit einfach nur dankbar. Mein Mosaik nimmt endlich neue Formen an. Das Bild wird scharf. Obwohl ich nicht weiß, was die Zukunft für Aldo bringen wird, glaube ich, dass Gott das Werk vollenden wird, das Er in meinem Sohn begonnen hat. Aber, ob ich das noch erlebe oder nicht, ich werde Gott mit allem, was ich bin und habe, dienen. Ich setze große Hoffnung in einen großartigen Gott, der sich so sehr kümmert, dass Er Seinen einzigen Sohn hingegeben hat, damit Tinus und Josh und Aldo und ich leben können.

BERUFEN, ZEUGNIS ZU GEBEN

Ich habe mir immer eine enge Beziehung zu Gott gewünscht und wollte teilhaben an dem überfließenden Leben, das Er verspricht. Ich hungerte nach Ihm und wünschte mir, dass Er der Erste und der Letzte für mich ist, dass Er mein Atem, ja, sogar das Blut in meinen Adern ist. Ich wünschte, dass Er in mir ist, und ich wollte in Ihm sein.

Aber der Weg, auf dem wir gingen, war kein leichter Weg, und wir riefen zu Gott nach Hilfe. „Herr", sagte ich, „ich weiß, dass ich jetzt ein neues Geschöpf bin. Dein Geist und meiner sind eins, aber bitte, Heiliger Geist, lehre mich, den Weg der Gerechtigkeit zu gehen."

Als ich eines Tages Aldos Trachea (Luftröhre) reinigte, sagte Gott zu mir, ich solle zurück zum Wort gehen. „Mein Wort ist voller Wahrheiten. Benutze sie, um ein Leben im Überfluss zu finden. Ich gebe dir diese Wahrheiten als Geschenk. Schaue sie nicht als Gesetze an, da dich Mein Blut schon vom Gesetz befreit hat. Sieh sie lieber als Wegweiser auf deiner Reise mit Mir an. Erlaube Meinem Geist durch dich zu wirken. Unterlasse deine schlauen Argumente, deine logischen Auseinandersetzungen. Glaube fängt da an, wo Logik aufhört, und dann erst folgen Wunder."

In mir bildete sich eine Erwartungshaltung. Ich erwartete, in Gott das zu finden, was ich sonst nirgendwo finden konnte. Mir wurde bewusst, dass ich ohne Gott nichts war.

So öffnete ich mein Herz und versuchte, gut hinzuhören, wenn Gott sprach. Während der folgenden Zeit gab mir der Heilige Geist Grundsätze für mein Leben, über die ich mit Ihnen gerne im zweiten Teil dieses Buches reden möchte.

Nachdem ich alles versucht hatte, entdeckte ich endlich das Geheimnis zu einem Leben im Überfluss: Man findet es nur in einer Liebesbeziehung mit dem König aller Könige.

Wir können nur dann ein siegreiches Leben führen, wenn wir jede Minute des Tages in Seiner Gegenwart verbringen. Wir können nur dann Seiner Gegenwart gewahr sein, solange wir beten. Ich weiß nicht, warum wir das so schwierig finden. Wenn du jemanden liebst, dann möchtest du immer mit dieser Person zusammen sein und mit ihm/ihr reden. Nichts kann dir mehr Freude bereiten, als dein ganzes Leben mit deinem/deiner Geliebten zu teilen! Ihr wollt euch einfach nur am anderen erfreuen und euch einander hingeben. Warum fällt es uns so schwer, unsere Beziehung mit Gott so zu sehen?

Vielleicht, weil es in unseren Ehen an Vielem mangelt. Es gibt unzählige Bücher über Ehen, aber all das Wissen und die Erkenntnis bringt nichts, wenn du deinen Ehepartner nicht bedingungslos liebst, wenn du nicht bereit bist, dein Leben deinem Ehepartner zu geben. Wenn du in deiner Ehe eine erfüllte Beziehung willst, dann musst du dir selber sterben und dein Leben deinem Geliebten hingeben.

Das ist, was Gott für uns getan hat. Denken Sie darüber nach! Er hat uns zuerst geliebt und dann Sein Leben für uns hingegeben. *„Größere Liebe hat niemand als die, dass er sein Leben hingibt für seine Freunde."* (Johannes 15,13) Er wurde von den Menschen verachtet und verlassen (und vom Vater), aber Er hat es für uns ertragen. Durch Sein Blut wurden wir gerettet, und durch Seine Striemen wurden wir geheilt!

Als ich die Bedeutung von Jesu Blut verstand, veränderte sich mein ganzes Leben. Ich wurde von den Erwartungen und Einschränkungen der Welt freigesetzt.

Das Blut des Lammes hat mich befreit.

Ich wende täglich das Blut Jesu über meine Familie an. Ich bete auch, dass uns eine Feuerwand vor jeder bösen Gewalt und Macht beschützt, die uns angreifen mag. Es ist für mich kein Ritual, sondern ein natürlicher Teil meiner Liebesbeziehung mit Gott durch den Blutbund mit Jesus. Dadurch, dass ich das tue, beanspruche ich für mich alle Vorteile aus Christi Tod am Kreuz. Wo ich auch immer die Hand des Feindes sehe, berufe ich mich auf das Blut Jesu und sage: „Satan, hier hast du keine Macht. Das Blut Jesu steht Dir entgegen!“

Es ist schade, dass so wenige Prediger über das Blut Jesu predigen, deshalb verstehen nur wenige Christen die Macht des Blutes. Dämonen erkennen die Macht Seines Blutes und fliehen davor, und Satan ist wehrlos dagegen. Wenn wir nur mehr über das Blut des Lammes wüssten, um es mehr anwenden zu können! Wenn du Gott bittest, dich mit Seinem Blut zu bedecken, dann erkennst du Ihn an und ehrst Ihn und den Namen, der über allen Namen ist: Jesus Christus.

„Teile deine Erkenntnis über Mein Blut mit Meinen Kindern“, sagte der Heilige Geist. „Denn sie verstehen es nicht.“

Ich wiederhole: Das Blut Jesu befreit dich!

Ich bitte Gott auch, mich jeden Tag mit dem Heiligen Geist zu füllen. Das bedeutet nicht, dass ich jeden Tag wiedergeboren werde, sondern dass ich Ihm mich selbst, meinen Körper, meinen Verstand und meine Seele jeden Tag hingebe.

„Fülle mich mit neuem Öl, Herr, ich möchte neues Öl, weil das alte Öl ranzig riecht.“ Hast du die schweren, schmutzigen Teile gesehen, die sich in altem, gebrauchten Öl unten absetzen? Altes Öl taugt nichts. Du brauchst jeden Tag eine neue, frische Salbung. Du musst jeden Morgen dein Manna neu einsammeln.

Ich freue mich in allen Lebensumständen, mögen sie gut sein oder schlecht. Es ist egal, was passiert, denn ich weiß, Er ist mein Alpha und mein Omega, mein Anfang und mein Ende. Und das ist Grund genug, jeden Tag zu feiern.

Das Gebet nimmt viel Platz in meinem Leben ein. Ich weiß, dass Er unsere Gebete erhört, weil uns das Blut Jesu von aller Sünde gereinigt und uns freien Zugang zum Thron der Gnade geschenkt hat.

Mein Wunsch ist es, so viel Zeit wie möglich in Seiner Gegenwart zu verbringen, mich Ihm immer mehr zu nähern, Sein reinigendes Feuer zu erleben, damit Sein Licht durch mich scheinen kann. Ja, ich möchte, dass Gott Sich durch mich den Menschen offenbaren kann. Wen spiegelst Du wider?

Dadurch, dass ich in Gottes Gegenwart lebe, habe ich das Feuer, das Ihn umgibt, kennengelernt. Dieses Feuer hat jede Bindung, die mich mit der Welt oder meinen egoistischen Wünschen verband, zerstört. Ich war wie jemand, der aus dem Feuer gerettet wurde (Sacharja 3,2). Gott ist ein gütiger Gott, der uns vor uns selbst rettet.

Niemand kann dich zu einer Beziehung mit irgendjemandem zwingen. Gott ist behutsam. Er wird Sich dir nicht aufzwingen. Du musst wählen, ob du eine Liebesbeziehung mit Ihm haben willst. Nur wenn du Ihn annimmst und empfängst, kannst du wirklich glücklich sein. Nicht wir haben unser Glück in der Hand, es liegt auch nicht an den Umständen, in denen wir leben und erst recht nicht an den Beziehungen, die wir zu anderen Menschen haben..

Unser Glück liegt in unserer Einheit mit Gott.

Kein Mensch kann dich glücklich machen oder deine Wünsche erfüllen. Du musst von der Quelle lebendigen Wassers trinken, damit du wirklich gesättigt wirst. Johannes 4,14: „*... wer aber von dem Wasser trinken wird, das ich ihm geben werde, den wird nicht dürsten in Ewigkeit; sondern das Wasser, das ich ihm geben werde, wird in ihm eine Quelle Wassers werden, das ins ewige Leben quillt.*" Du wirst nie den geistlichen Menschen mit weltlicher Nahrung oder Schätzen füttern oder zufriedenstellen. Wahres Glück kann nur in unserer Liebesbeziehung zu Gott gefunden werden.

Gott hat meine Augen geöffnet. Ich sehe Sein Wort als Leuchtturm, ein Leuchtfeuer in jeder dunklen Ecke. Ich fütterte meinen Geist mit dem Wort Gottes, und unter der Führung des Heiligen Geistes fand ich die Prinzipien für ein Leben im Überfluss. Gottes heiliges Feuer begann, in mir zu brennen und gab mir Licht.

Je mehr ich mich Ihm näherte, desto heller schien es. Die Dunkelheit flieht vor dem Licht.

Im nächsten Teil des Buches berichte ich, was ich durch den Heiligen Geist über das Erlangen von erfülltem Leben gelernt habe, das Gott für uns vorgesehen hat. Dies sind keine absoluten Regeln oder Lehren, sondern Prinzipien oder Schlüssel, um ein geisterfülltes Leben mit Jesus zu führen. Aber es gibt einen Preis, den man für den Überfluss zahlen muss. Für mich sieht das folgendermaßen aus: Ich nähere mich Gottes Gnadenthron durch das Blut Jesu, welches mich heiligt. Ich gebe mich Ihm dadurch hin, dass ich mein Leben vor dem König der Könige hinlege. Und dann bade ich in Seiner Liebe.

Die Dinge, die ich Ihnen im nächsten Teil des Buches aufzeige, sind auf meinem Weg zu einem Leben im Überfluss zu Wegweisern geworden.

TEIL 2

EIN LEBEN IM ÜBERFLUSS ENTDECKEN

Jy sal ons salf met die
Hy en krag. Saam sal
ons God se woord verkondig
mamma moet mense
vertel dat Jesus lewe
ek het Hom gesien saam
met Moses en Abraham
God het op sy troon gesit
en Hy het vir my gese
dat ek moet vir die mense
vertel dat daar 'n hemel
en 'n hel is. Daarom het
Hy my terug gestuur. Gaan
en vertel asb tot ek dit self
kan doen

* Alle Briefe in Afrikaans sind Aldos Originalbriefe
– siehe Übersetzung auf den jeweils gegenüberliegenden Seiten.

MONTAG, 24. OKTOBER 2005

Du wirst uns mit Öl salben. Der Heilige Geist wird uns führen und uns Kraft geben, Gottes Wort zu predigen. Mami, du musst den Menschen erzählen, dass Jesus lebt! Ich sah Ihn und Mose und Abraham. Gott sass auf seinem Thron und trug mir auf, den Menschen zu sagen, dass es einen Himmel und eine Hölle gibt. Deshalb hat Er mich zurückgesandt. Bitte geh' und erzähle jedem davon, bis ich es selber tun kann. Wenn ich 16 Jahre alt bin, werde ich selbst Gottes Wort predigen. Werden wir ohne Furcht überall dorthin gehen, wohin Er uns schickt? Er wird deine Zunge salben, damit du Englisch sprechen kannst, wenn du im Ausland bist.

Hiob 3,25:
„Denn ich fürchtete einen Schrecken, und er traf mich, und wovor mir bangte, das kam über mich."

Das erste Prinzip für ein geisterfülltes Leben ist, Furcht zuzugeben und zu besiegen. Denk' daran, Furcht widersetzt sich der Liebe, sowie sich Böses Gutem widersetzt.

Ich schäme mich zuzugeben, was ich mein ganzes Leben lang befürchtete, dass nämlich meine Familie in einen Autounfall verwickelt werden würde. Meine größte Angst war, dass meinem Mann oder meinen Kindern etwas passieren könnte. Davor fürchtete ich mich wirklich.

Sage mir, wovor du Angst hast, und ich sage dir, was dir passieren wird.

Einen Weg, Angst zu besiegen, findet man in 2. Korinther 10,5: *„Wir zerstören damit Gedanken und alles Hohe, das sich erhebt gegen die Erkenntnis Gottes, und nehmen gefangen alles Denken in den Gehorsam gegen Christus.“* (Luther 1984)

Willst du deine Furcht überwinden, musst du jeden negativen Gedanken bis auf das Äußerste bekämpfen. Denn diese Gedanken kommen von deinem Feind, der deinen Glauben und deine Freude stehlen will. Bring deine Gedanken in jeder Situation mit Gottes Willen in Einklang. Wenn du zum Beispiel auf das Ergebnis eines Bluttests wartest, erlaube der Angst nicht, dass sie die Kontrolle über deine Gedanken übernimmt. Erinnere dich stattdessen, dass Krankheit nicht Gottes Wille für uns ist. Lies Schriftstellen, die dies bestätigen, und denke positiv. Erlaube dir noch nicht einmal ein „was wäre, wenn?" Angst öffnet dem Satan die Tür, uns anzugreifen, weil die Angst unseren Glauben zerstört. Lass dich nicht auf negative oder zerstörerische Gedanken ein. Kontrolliere deine Gedanken, oder sie kontrollieren dich!

Nach dem Unfall hatten wir Angst, weil wir nicht wussten, was Aldos Verletzungen bedeuteten. Natürlich war es auch eine menschliche Reaktion auf das Trauma, das wir erlitten hatten. Gott reagierte jedoch so, dass Er Glaube und Hoffnung in unser Herz säte. Dadurch haben wir gelernt, gesunde Gedanken über Aldos Leben und Zukunft zu denken.

Mami, wirst du bitte weiter glauben und nicht aufgeben?
Behalte deinen Glauben und hab' keine Angst.

Gottes Kinder werden Seinen Geist suchen.
Gott wird mich heilen.

Ongelukke gebeur maar want ons
is op die aarde. God sal ons
nie begewe of verlaat nie. God
sal my gesond maak en ek
gaan Sy woord verkondig.

MITTWOCH,1. FEBRUAR 2006

UNFÄLLE PASSIEREN, WEIL WIR AUF DER ERDE SIND. GOTT WIRD UNS NICHT VERLASSEN ODER IM STICH LASSEN. GOTT WIRD MICH HEILEN, UND ICH WERDE SEIN WORT PREDIGEN. ICH WERDE DIEJENIGEN, DIE IN IHRER VERZWEIFLUNG VERLOREN SIND, UNTER DIE WOLKE FÜHREN, GENAUSO WIE MOSE ES GETAN HAT.
BITTE WIRST DU MICH SALBEN UND SEGNEN? WIR WERDEN GOTTES WORT ZUSAMMEN VERKÜNDEN.

Lukas 9,62:
„Jesus aber sprach zu Ihm: Niemand, der seine Hand an den Pflug gelegt hat und zurückblickt, ist tauglich für das Reich Gottes."

Als Imageberaterin weiß ich, wie wichtig das Äußere ist. Ich weiß auch, wie man sein Aussehen verändern kann..

Als ich alleine war, habe ich oft mit einem Bild von Aldo vor dem Unfall in der einen Hand und einem Bild nach dem Unfall in der anderen Hand da gesessen. Als ich mir dann diese Vorher- und Nachherbilder anschaute, weinte ich untröstlich. Bis mich eines Tages der Heilige Geist fragte: „Retha, was machst du da?"

„Ich nehme an, ich habe Selbstmitleid, Vater. Ich hatte so viele Träume für ihn."

„Ist dir nicht klar, dass er nicht mehr dein Sohn ist? Du hast ihn Mir geopfert, erinnerst du dich? Er gehört jetzt Mir. Sein Leben liegt in Meiner Hand. Erinnerst du dich, was mit Lots Frau passierte, als sie zurückschaute?"

„Ja, sie wurde zur Salzsäule, Herr."

„Immer, wenn sie zurückschaute, hatte sie einen Sinneswandel und bezweifelte die Weisheit, ihren weltlichen Besitz zurückgelassen zu haben. Wenn eine Athletin in einem Rennen läuft, schaut sie nicht zurück, aus Angst, ihre Konzentration zu verlieren und womöglich hinzufallen, was dann auch die anderen Athletinnen in Gefahr bringen würde."

Plötzlich dachte ich daran, als Petrus auf dem See auf Jesus zuging. Sofort war mir klar: Solange Petrus seine Augen auf Jesus gerichtet hatte, war alles in Ordnung, aber sowie er auf äußere Umstände schaute, wie den Sturm und die Wellen (die Welt um ihn herum), fing er an zu sinken.

„Schau nicht zurück, Retha. In diesem Rennen musst du deine Augen auf Mich gerichtet lassen. Ich weiß, dass du die Menge rufen hörst, die dich auffordert, der Wahrheit ins Gesicht zu schauen. Aber ich möchte, dass du über Jairus nachdenkst."

„Als Jairus hörte, dass seine Tochter gestorben war, war er genauso verängstigt, wie du es jetzt bist. Aber er wandte sich Mir zu und schaute Mir in die Augen. Ich sagte ihm damals, was ich dir jetzt sage: ‚Sei nicht besorgt. Glaube an Mich!' Retha, Ich habe die Kontrolle!"

Wir haben alle unsere eigene Geschichte. Ich weiß nicht, wie Ihre Vergangenheit aussieht. Vielleicht versuchen Sie, die Vergangenheit wieder einzufangen, als Sie noch jung und idealistisch waren und hoffen, diese glücklicheren Zeiten noch einmal zu erleben. Oder Sie möchten verzweifelt die Fehler, die Sie vielleicht früher in Ihrem Leben gemacht haben, ungeschehen machen. Egal, aus welchen Gründen Sie die Vergangenheit zurückholen möchten, Sie können es nicht tun. Die Vergangenheit ist aus und vorbei. Sie können die Dinge nicht ändern oder gar in die Gegenwart holen.

Sie können auch nichts für Ihre Zukunft tun. Sie ist in Gottes Hand. Alles, wofür Sie etwas machen können, ist hier und jetzt. Befassen Sie sich mit Ihrer Gegenwart, ohne zurückzuschauen. Fragen Sie Gott, was Sie heute machen sollen, und lassen Sie die Vergangenheit hinter sich. Schauen Sie stattdessen in die Zukunft.

Wir müssen nicht die Straße vor uns sehen, um den ersten Schritt im Glauben zu tun. Gott bereitet den Weg. Er sieht die ganze Straße. Er hat den Plan. In 1. Mose 22,8 hat Er mir Seine Sicht für Aldo aufgezeigt. Das hat mich bis jetzt aufrechterhalten. Dort steht geschrieben: *„Da sagte Abraham: Gott wird sich* *das Schaf zum Brandopfer ersehen, mein Sohn. Und sie gingen beide miteinander.“*

Schau nicht zurück. Gott hat schon ein Brandopfer bereit!

23 Jan

Jy moet met pappa vrede maak
Jesus wil he jy moet pappa ~~so~~ lief he
soos jy Hom het
Jesus se pappa kry baie swaar
ons moet hom baie lief hê. Ons
moet ons gesê vir hom ~~gee~~.
Ek is lief vir pappa met
my hele hart siel
en verstand
Jesus gaan pappa seen
vir wat ~~hy~~ alles doen
vir ons.!
mamma ~~moet~~ moet my help om
om pappa gelukkig te maak Hy is
baie ongelukkig ons gaan hom
verloor. God Liefde is al wat
pappa vra my moet hom liefde gee

Jesus praat met my ons moet
luister as Hy praat
en Hy is lief vir ons gesin
pappa wil vir jou soen
vandag

MONTAG, 23. JANUAR 2005

WÄHLE VERGEBUNG

Du musst mit Papa Frieden schliessen. Jesus möchte es. Er möchte, dass du Papa so liebst, wie Er ihn liebt. Jesus sagt, dass Papa leidet, und wir müssen ihm unsere Liebe geben. Wir müssen ihm uns selbst geben. Ich liebe Papa mit meinem ganzen Herzen, meiner Seele und meinem Verstand. Jesus wird Papa für all das segnen, was er für mich tut. Mami, du musst mir helfen, Papa glücklich zu machen, oder wir könnten ihn verlieren. Papa braucht einfach nur Liebe. Mami, du musst Papa lieben. Jesus spricht mit uns darüber, und wir müssen Ihm gehorchen. Er liebt unsere Familie. Papa möchte dich heute küssen, Mami.

Epheser 4,26-27:
„Zürnet, und sündigt dabei nicht!
Die Sonne gehe nicht unter über eurem Zorn,
und gebt dem Teufel keinen Raum!“

Lebst du in der Kraft der Vergebung oder wälzt du dich in Bitterkeit?

Vergebung entfernt den Stachel der Sünde. Wenn du vergibst, wird das Gift des Schlangenbisses unwirksam. Du stoppst das Gift in deinem Blut und machst dem Tod einen Strich durch die Rechnung.

Auch wenn Gott dir die Kraft dazu gibt, nur du kannst entscheiden zu vergeben.

Ich kämpfte nach dem Unfall mit Vergebung. Wenn mich jemand gefragt hätte, ob ich die Tinus die Schuld dafür geben würde, was geschehen war, hätte ich sofort geantwortet, dass ich wusste, dass es nicht seine Schuld war. Aber tief in mir war ich auf ihn wütend. Ich nehme an, ich musste irgendjemandem die Schuld geben, um meinen Verstand nicht zu verlieren!

Unsere Ehe litt sehr während dieser Zeit. Ich wahrte den Schein, aber das Gift der Bitterkeit und des Grolls forderte seinen Tribut. Ich wurde durch die Auswirkungen der Bitterkeit körperlich krank. Ich nahm immer mehr ab, ich schrumpfte buchstäblich, und die Bitterkeit nagte weiter an mir.

Da schrieb Aldo:

> Mami, du musst Papa vergeben. Es war nicht seine Schuld!
> Jesus möchte, dass du es jetzt tust.
> Er kann dich nicht benutzen, wenn du voll von Bitterkeit bist!

Ich war sprachlos. Außer Gott wusste niemand, dass ich im tiefsten Herzen wirklich Tinus beschuldigte. Ich selbst musste entscheiden, ob ich es zulasse, dass Gottes Wort mich kontrolliert, oder ob ich mich von meinen ich-bezogenen Gefühlen leiten lassen würde. Ich wählte Gottes Wort und sprach Tinus frei.

Meine Freisprechung für Tinus bedeutete auch den Anfang von Gottes Werk in ihm. Tinus und ich wurden wieder eins. Unsere Einheit wurde wiederhergestellt. Seit diesem Zeitpunkt hat auch Tinus eine engere Beziehung zu Gott. Tinus brauchte meine Vergebung, damit er sich selber vergeben und wieder vorwärtsgehen konnte. Ich ehre Gott, dass Er Aldo, sogar bevor er wieder sprechen konnte, dazu benutzt hatte, mir zu sagen, dass ich seinem Vater vergeben sollte.

Ärger und Bitterkeit hätten mich beinahe viel gekostet, aber ich lernte in dieser Zeit eine wertvolle Lektion: Der Feind benutzt unsere Weigerung zu vergeben, um unsere Freude und unseren Frieden zu stehlen. Heute fällt es mir leichter zu vergeben. Ich bemühe mich bewusst, Menschen zu vergeben, die mich verletzt haben. Nur so kann ich Gottes Frieden erlangen und auf dem Weg meines Lebens weitergehen. Das erwartet Gott von all Seinen Kindern. In Hebräer 12,14 sagt Er: „*Jagt dem Frieden mit allen nach und der Heiligung, ohne die niemand den Herrn schauen wird.*"

Ein weiteres Zeugnis, das die Wichtigkeit von Vergebung betont, ist das von dem nigerianischen Pastor, von dem die Prophetin mir im Krankenhaus erzählt hat. Er erscheint in dem

Film „The Lazarus Phenomenon“ (Das Lazarusphänomen), der die Geschichten von Menschen wie Aldo erzählt, die auch den Himmel erlebt haben. In diesem Film sagt der Pastor, dass er vier Tage tot war, bevor Gott ihn wieder zum Leben erweckt hat. Während dieser Zeit war er auch im Himmel. Weil sein Herz aber nicht vergeben wollte, wäre er in der Hölle gelandet, sagte er, wenn Gott ihm keine zweite Chance gegeben hätte.

Als ich das hörte, dachte ich: „Herr, wie kann das denn sein? Der Mann ist Pastor!“

„Das spielt keine Rolle“, kam die Antwort. „Ich bin nicht an den Taten der Menschen interessiert. Niemand, der Bitterkeit in seinem Herzen trägt, kann in Gottes Reich hinein, weil Gott Liebe ist.“

Nur die Liebe Gottes kann die Wurzeln der Bitterkeit in deinem Herzen lösen. Und wenn der Heilige Geist nicht in uns wohnt, sind wir nicht in der Lage, anderen zu vergeben. Wir können anderen nicht bieten, was wir nicht selbst besitzen! Erst nachdem du Jesu Vergebung empfangen hast, kannst du anderen vergeben. Vergebung fängt in einem Herzen an, das bereit ist, die Vergangenheit hinter sich zu lassen.

Viele Ehen sind nur ein endloser Kampf. Wie ein nicht aufhörender Boxkampf bringt jeder Tag eine neue Runde voll Streit und Feindseligkeit. Nach einiger Zeit gewöhnen sich Mann und Frau so sehr an den Ärger, dass es die einzige Methode der Kommunikation wird. Ich bezweifele, ob sie sich nach Jahren der Zankerei und der Bissigkeit überhaupt noch daran erinnern, worüber sie sich so ärgern. Lasst uns diese Verletzungen mal ins rechte Licht rücken: Dein Mann oder deine Frau sind letztendlich auch nur Menschen. Dann vergebt doch einander, bevor es zu spät ist.

Wenn ich das sage, fragen mich die Leute, ob das bedeutet, dass es ihnen nicht erlaubt ist, sich scheiden zu lassen. Ich weiß nicht, wohin dich dein Weg mit Gott führt. Aber, egal wofür du dich entscheidest, ob du dich scheiden lässt oder durchhältst, die Hauptsache ist: Du wirst vergeben müssen!

Jemandem zu vergeben ist nicht einfach, und unsere Gefühle von Ärger und Verbitterung werden nicht über Nacht verschwinden. Nimm dir aber eines zu Herzen: Das Blut Jesu wird wie eine Salbe für deine Wunde sein, und nach einiger Zeit wird der Heilige Geist es von innen heraus heilen. Auch wenn es anfangs

CENTURION
VELO.

noch pocht, nimm keine Nadel, um es wieder aufzustechen. Bald wird der Schmerz nachlassen, und du wirst Gottes Heilungskraft erfahren.

Erlaube keinem Schmerz oder Ärger, in deinem Herz zu eitern. Bitte Gott für deine eigene Schuld um Vergebung und vergib anderen, so wie du willst, dass Er dir vergibt. Wenn du das tust, wirst du dich in Seinem Frieden sonnen ...

Jesus se ons moet begin
dankie se vir die
ongelyk want nou eers
kan God met ons
lewe doen wat Hy beplan
het. Mamma jou lewe
behoort aan Jesus. Ek sien
die troonkamer en Jesus
se Hy sal ons kom haal
ons moet net geduldig
wees. Ons gaan ons
self offer aan God.

MITTWOCH, 26.OKTOBER 2005

JESUS SAGT, WIR SOLLEN FÜR DEN UNFALL DANKBAR SEIN, DENN ERST JETZT KANN GOTT AUSFÜHREN, WAS ER FÜR UNS GEPLANT HAT. MAMI, DEIN LEBEN GEHÖRT JESUS. ICH SEHE DEN THRONSAAL UND JESUS SAGT, DASS ER KOMMT UM UNS ABZUHOLEN. WIR MÜSSEN NUR GEDULD HABEN. WIR WERDEN UNS SELBST GOTT OPFERN.

---

1. Thessalonicher 5,16-18:
„Freut euch allezeit!
Betet unablässisg!
Sagt in allem Dank!
Denn dies ist der Wille Gottes in Christus Jesus
für euch."

Denken Sie bitte immer daran, dass ich keine Theologin bin. Ich bin einfach nur Retha. Das, was ich über Gott weiß, sagt Er mir durch Seinen Geist. Eine dieser Lektionen handelte über Danksagung. Der Geist sagt zu mir: „Retha, ich möchte, dass du dich über alles freust, was ich in deinem Leben zugelassen habe. Du sollst Mich preisen. Freue dich und singe über alles in deinem Leben."

Warum sollte Gott meinem Leben noch irgendetwas hinzufügen, da ich noch nicht mal das zu würdigen weiß, was ich jetzt habe?

Aldo bekam immer mehr Beulen an seinem Kopf. Die blauen Flecke heilten auch nicht, weil er seinen Kopf immer wieder an derselben Seite anstieß. Er fällt in der Schule hin, anschließend kommt er nach Hause, nimmt Anlauf, um den Fußball hoch in die Luft zu schiessen. Dabei verliert er sein Gleichgewicht, fällt durch ein großes Fenster und schneidet sich an der Scheibe. Am nächsten Tag fällt er über Joshs Spielzeugauto. Da er sich nicht abzufangen weiß, fällt er direkt auf den Kopf. Es blutet sehr stark. Josh drückt die Wunde zu. Ich fahre wie eine Verrückte zum Arzt, damit es genäht werden kann. Erst, nachdem die Jungs in der Schule sind, kann ich mich hinsetzen und meine Gedanken sortieren. Ich fange an zu weinen.

„Herr, es wird nicht besser. Es ist zu schwer, Herr. Das Leid ist zu schwer, um es zu ertragen“ schluchze ich.

„Retha, ich möchte, dass du dich unter allen Bedingungen freust und Mich preist.“

„Es ist so schwer, Herr. Du musst mir dabei helfen.“

Seit ich damit angefangen habe, mich zu freuen und Gott unter jeder Bedingung zu preisen, habe ich verstanden, was Paulus meint, als er sagt, dass er sich nur in den Dingen rühmt, die seine Schwäche zeigen (2. Korinther 11,30), weil, wenn ich schwach bin, Gottes Kraft dann in mir und durch mich wirken kann.

Unsere Familie ist der Überzeugung, dass Gott über alles, was unserer Leben betrifft, die Kontrolle hat. Natürlich wusste Er von dem Unfall, bevor er passierte, genauso wie Er wusste, dass Petrus Ihn vor der Kreuzigung verraten würde.

Ich glaube nicht, dass der Unfall Sein Wille war, aber Er ließ ihn zu, genauso wie Er Satan erlaubte, Hiob zu prüfen. Gott sieht weiter als wir. Er sah die Freude und den Sieg der Auferstehung, während die Jünger nur Seinen Tod sehen konnten. Er wusste auch, dass Hiob durch sein Leid letztendlich Seinen Namen verherrlichen würde.

Ich werde ständig daran erinnert, was Gott mir im Thronsaal gesagt hatte: „In deinem Leben auf der Erde geht es nicht um dich, Retha. Es dreht sich alles um Mich.“ Trotz meiner Lebensumstände und meines Unvermögens, die Dinge rückgängig zu machen, preise ich nun Gott für alles in meinem Leben. Er sorgt dafür, dass ich mich hinknie und demütig bleibe.

Wenn du betest, dann stöhne nicht, beschwer dich nicht und fordere nicht. Mach stattdessen aus deiner Gebetszeit eine Zeit des Lobpreises und der Anbetung!

Gott zeigte Samuel, was Sein Herz begehrte.
Werde Samuel ähnlicher und sondere Dich für Gott ab.
Zusammen gehen wir an Gottes verborgenen Ort.

Wees soos Jesus jou wil hê

heilig. God wil jou heilig hê

vir Hom. Soos ons geheilig is

deur sy bloed

God gaan ons seen ek

sal gesond word en ek sal

ook sy woord verkondig.

God sal ons self leer en

dan sal ons mense leer.

Sal ja my altyd so liefhe

ons sal altyd saam werk

en mense bedien.

SONNTAG, 27. NOVEMBER 2005

Sei heilig. Gott möchte, dass du für Ihn heilig bist. Durch das Blut Jesu wurden wir geheiligt. Gott wird uns segnen, und ich werde geheilt werden. Ich werde auch Sein Wort verkünden: Gott selbst wird es uns lehren, und wir werden dann andere Menschen lehren. Wirst du mich immer lieben, Mami? Wir werden immer zusammen arbeiten und Seinem Volk dienen.

Römer 8,28:
„Wir wissen aber, dass denen, die Gott lieben, alle Dinge zum Guten mitwirken, denen, die nach seinem Vorsatz berufen sind."

Unser Gott kann jede Situation zu Seiner Ehre lenken, so dass Er Seine guten Werke in unserem Leben ausführen kann. Unsere Fehler verwandelt Er in Wunder, solange wir Ihm ganz vertrauen. Dadurch wird unser Leiden zu Seiner Barmherzigkeit. Unsere Schwierigkeiten sind Seine Gelegenheiten, um uns Sein Wohlwollen und Seine Gnade zu zeigen.

Es ist möglich, dass Gott dich vielleicht dazu auffordert, im Glauben Schritte zu tun, damit du selber erkennen kannst, dass alles zu deinem Vorteil geschieht. Diesen Schritt im Glauben zu gehen, bedeutet oft, aus deiner Bequemlichkeit auszuscheren, was dir dann unangenehm werden kann. Aber aus diesem Sicherheitsbereich herauszukommen, hat etwas Gutes. Denn es kann kein Wachstum stattfinden, wenn man sich so wohl fühlt. Wenn du in deiner Bequemlichkeitszone bleibst, wirst du davon abgehalten zu erfüllen, was Gott in und mit deinem Leben für dich geplant hat.

An dem Tag, als ich sagte, dass ich nicht mehr weiter könne, entdeckte ich den Schatz, der in Matthäus 13,44 erwähnt ist: *„Das Reich der Himmel gleicht einem im Acker verborgenen Schatz, den* *ein Mensch fand und verbarg; und vor Freude darüber geht er hin und verkauft alles, was er hat, und kauft jenen Acker.“*

Retha, das neue Geschöpf, hatte endlich das Licht entdeckt. Mein Körper war nur die Hülle, durch die Gott alle guten Werke, die Er für mich vorgesehen hatte, ausführen sollte. Ich habe gelernt, in Seiner Hand zu bleiben, sogar in solchen Zeiten, als ich mich fühlte, als würde auch ich auf Wasser gehen. Ich musste das ganze Vertrauen, das ich in mich selber hatte, ablegen, auch meine eigenen Fähigkeiten, Talente und Qualifikationen. Ich musste Gott vollständig vertrauen und musste bereit sein, Ihm zu gehorchen, koste es, was es wolle.

Wenn du Gott auf diese Art vertraust, wird er dich oft auffordern, deiner Bequemlichkeit zu entsagen. Er möchte, dass du höher gelegene Hochebenen erlangst und geistlich wächst. Jedes Mal, wenn Er nach dir ruft, musst du deinen eigenen Willen hinlegen. Aber wenn du so im Glauben vorwärts gehst und Seinen souveränen Willen anerkennst, wird es deine Beziehung zu Ihm vertiefen. Wenn du das tust, wird deine Abhängigkeit von Ihm größer, und Seine Kraft wird dich vorwärts treiben. Mit der Zeit wird immer weniger von dir bleiben und immer mehr von Ihm in dir sein.

Die Aufgabe, die Gott unserer Familie gegeben hat, überwältigt mich manchmal. Es geht über meinen Verstand! Die Tatsache, dass Er unsere Familie erwählt hat, Sein Wort zu verkünden, erfüllt mich gleichzeitig mit Staunen und einem Gefühl der Verantwortung. Wenn ich dann Inventur über unsere gemeinsamen Fähigkeiten anstelle, fühle ich mich gedemütigt und kann nicht anders, als Gott anzuerkennen, weil Er es vollbringen muss. Und doch, mein Glaube, der nicht größer ist als ein Senfkorn, wird durch 2. Timotheus 3,16+17 gestärkt, wo Gott verspricht, dass Sein Wort jeden ausrüstet, der seine Gott gegebene Aufgabe erfüllt.

1. Korinther 3,6+7 erklärt diese Partnerschaft zwischen Gott und Seinen Kindern: *„Ich habe gepflanzt, Apollos hat begossen, Gott aber hat das Wachstum gegeben. So ist weder der da pflanzt etwas, noch der da begießt, sondern Gott, der das Wachstum gibt.“*

Der Vers am Anfang dieses Teils spricht davon, erwählt zu sein, etwas Spezielles zu tun. Was ist deine Berufung? Warte darauf, dass Gott sie dir zeigt und versuche nicht, es selber herauszufinden.

Lebt, wie Kinder des Lebendigen Gottes. Zeigt der Welt Seine Macht. Seine Liebe ist wunderbar. Er ist unser Gott und unser Vater. Ich liebe Dich, mein Herr Jesus, und Gott, unser Vater. Mami, du wurdest auserwählt, die Braut vorzubereiten. Weißt du, dass Jesus Dich ausrüsten wird, Seine Salbung zu offenbaren? Gott lässt es geschehen. Er wird dich in die ganze Welt schicken.

Jesus se ek moet sy woord verkondig en ek sal bly lewe spreek. God wil my gesond maak en ek sal hom glo weet goos ek gesond word sal ek weer jou bystaan. sal jy glo dat ek 100% sal weer reg wees. Mamma

God jou leer en leer dan ander mense God sal jou oprig om mense se siele red vir die koningkryk Goon maak self die groot deur oop wat na jou gees gaan. !

FREITAG, 2. FEBRUAR 2007

Jesus sagt, ich werde Sein Wort verkünden. Ich muss immer Leben aussprechen. Gott wird mich heilen, und ich glaube Ihm. Wenn ich geheilt bin, werde ich dir beistehen, Mami, genauso wie du mir beigestanden hast. Glaubst du nicht auch, dass ich zu 100 % geheilt werde? Gott lehrt dich, damit du andere Menschen lehren kannst. Gott hat dich auserwählt, damit du die Seelen der Verlorenen für Sein Reich retten kannst. Du musst die grosse Tür zu deinem Geist öffnen.

Sprüche 18,21:
„Tod und Leben sind in der Gewalt der Zunge,
und wer sie liebt, wird ihre Frucht essen."

Die Wichtigkeit des gesprochenen Wortes ist in Hesekiel 37 veranschaulicht. Hier befiehlt Gott dem Propheten, zu den verdorrten Gebeinen zu sprechen. Als er über die toten Knochen Leben ausspricht, werden sie lebendig, und eine mächtige Armee erhob sich.

Ich werde nie in der Lage sein, dies ausreichend zu betonen. Mir ist das aber wichtig, weil ich die Wirkungen meiner Worte in meinem eigenen Leben erlebt habe. Als Aldo im Koma lag, träumte ich, dass seine Finger schwarz würden und anfingen zu schrumpfen. Da sagte Aldo: „Mami, sprich Leben über mich aus. Sprich Leben aus." Ich sprach Leben zu seinem Geist. Es ist egal, ob dein Körper noch lebt, sobald dein Geist tot ist, bist auch du tot!

In Wörtern steckt solch eine Macht. Während angenehme, besänftigende Worte Leben, Hoffnung und Heilung bringen, erzeugen gemeine und harte Worte Hoffnungslosigkeit, Zerstörung und Tod. Du musst nur hören, was Menschen zueinander sagen, um zu erkennen, welche Auswirkung ihre Worte haben.

Was sagen Sie zu Ihren Kindern? Wenn Sie ihnen andauernd sagen, dass sie nicht gut genug, schön genug oder klug genug sind, ist die Chance, dass sie hässlich, dumm und Taugenichtse werden, sehr groß. Als Eltern haben Sie Autorität über Ihre Kinder, und die Worte der Eltern haben mehr Gewicht als die Worte fremder Menschen. Versichern Sie sich, dass Sie Leben über ihren Kindern aussprechen.

Unsere Worte haben prophetische Kraft. Denken Sie auch darüber nach, was Sie über Ihren Ehepartner sagen. Ehemänner, überschüttet Eure Frau mit Komplimenten, und sie wird vor euren Augen aufblühen und sich prächtig entfalten. Ehefrauen, lobt Euren Mann, und Ihr werdet immer stolz darauf sein, an seiner Seite zu sein.

Mein Jüngster, Josh, versteht schon die Macht der Worte. Er kommt oft zu mir gelaufen und sagt: „Mami, die sprechen Tod aus!" Selbst in seinem jungen Alter erkennt er die Wirkung gedankenloser Worte. Glücklicherweise kennen meine Kinder aber auch die Macht positiver Worte. Es ist der Segen, der die Gefahr der Flüche vereitelt.

Ob du über dich selber sprichst, oder deine Meinung über jemand anderen sagst, deine Worte werden Eindrücke hinterlassen. Vielleicht isst du gerade die sauren Früchte deiner Zunge. Dann sprich Leben aus, und du wirst sehen, dass sich deine Situation bald verändert.

Lass deine Worte für dich arbeiten statt gegen dich. Der erste Schritt ist, dir selber zuzuhören. Sei dir bewusst, was du sagst und du wirst überrascht sein, mit welcher Leichtigkeit du negative Gedanken bekennst. Das ist oft ein Zeichen dafür, dass du noch die Kontrolle über dein Leben hast. Ich weiß, was auch immer ich sage, wird bleiben. Worte, die dir leicht über die Lippen kommen, bestimmen letztendlich die Qualität deines Lebens.

Hier sind einige biblische Beispiele, wie unsere Bekenntnisse unser Leben bestimmen:

- Römer 10,9-10: „*... dass, wenn du mit deinem Mund Jesus als Herrn bekennen und in deinem Herzen glauben wirst, dass Gott ihn aus den Toten auferweckt hat, du gerettet werden wirst. Denn mit dem Herzen wird geglaubt zur Gerechtigkeit, und mit dem Mund wird bekannt zum Heil.*" – Ich bin errettet.

- Jesaja 53,5: „*Doch er war durchbohrt um unserer Vergehen willen, zerschlagen um unserer Sünden willen. Die Strafe lag auf ihm zu unserm Frieden, und durch seine Striemen ist uns Heilung geworden.*" – Ich bin geheilt.
- Johannes 8,36: „*Wenn nun der Sohn euch frei machen wird, so werdet ihr wirklich frei sein.*" – Ich bin frei.
- Römer 5,5: „... *die Hoffnung aber lässt nicht zuschanden werden, denn die Liebe Gottes ist ausgegossen in unsere Herzen durch den Heiligen Geist, der uns gegeben worden ist.*" – Ich kann bedingungslos lieben und werde nie alleine sein.
- Hebräer 13,5: „*Der Wandel sei ohne Geldliebe; begnügt euch mit dem, was vorhanden ist! Denn er hat gesagt: „Ich will dich nicht aufgeben und dich nicht verlassen, ...*" – Ich kann mich auf Gott und Seine Hilfe in meinem Leben verlassen.

Erlaube nicht, dass die dunklen Schatten der Zweifel und der Angst bis zu deiner Zunge vordringen können. Überprüfe deine Worte und sprich Leben aus!

Frieden für jeden, der wie ich, Gottes Gegenwart sucht.
Mögen wir immer Seiner Liebe und Führung gewahr sein.
Eines Tages werden wir bei Ihm sein.

Lief vir mamma. Ek sien God
op sy troon en hy sê sy Seun
het sy lewe gegee vir my genesing
Sodoende ek sal gehoorsaam wees
aan God. Sal saam met jou
~~waar~~ bedien ek sal wil sê
Wees weer so lief vir my
soos voor die ongeluk. Sal ons

ek kan nie. lewer nie jou word nie!

ons self offer aan God
Gaan en sien God soos ons
saam gaan sy God ontmoet.
Wys my waar gaan ek staan
weet mamma God is saam
se leermeester. Gaan en
evalueer jou hart of jy sy
bruid is. God sal jou optel
en self leer soos u

MITTWOCH, 20. FEBRUAR 2007

Ich liebe dich, Mami. Ich sehe Gott auf Seinem Thron sitzen. Er sagt, dass Sein Sohn Sein Leben gab, damit ich geheilt werden kann. Ich werde Gott gehorchen. Ich werde mit dir Gott dienen. Mami, hab' mich bitte genauso lieb wie vor dem Unfall. Wollen wir uns nicht Gott opfern? Wir werden Gott sehen wie Samuel Gott sah. Zeig' du mir, wohin ich gehen soll. Mami, wusstest du, dass Gott Samuels Lehrer war? Prüfe dein Herz und sieh, ob du zur Braut gehörst. Gott wird dich mitnehmen und dich selber Lehren.

---

1. Johannes 4,8:
„Wer nicht liebt, hat Gott nicht erkannt, denn Gott ist Liebe."

Als Aldos Mutter bete ich schon jetzt für die Person, die eines Tages Aldos Frau sein wird. Ich bete, dass sie meinen Sohn, der in den Augen der Welt unvollkommen ist, bedingungslos liebt. Im Wesentlichen bedeutet Liebe, das zu akzeptieren, was unvollkommen ist. Der Heilige Geist bestätigte das in meinem Herzen und fragte mich: „Retha, ich werde sie Aldo bringen, aber wie steht es mit dir? Liebst du deinen Mann bedingungslos?"

Ja, es ist so einfach, anderen zu predigen, wie sie ihr Leben leben sollen, aber es selber zu tun, ist etwas ganz anderes.

Ich fing an, Tinus mit anderen Augen anzusehen. Als mir bewusst wurde, dass Gott ihn bedingungslos liebt, fragte ich mich, warum ich ihn jemals ändern wollte.

„Wenn mein Mann sich nur ändern würde", sagen viele Frauen, „dann würde ich ihn lieben." Oder: „Wenn mein Mann mehr wie ich wäre, wäre unsere Ehe so viel besser." Als ob du so perfekt wärst! Vielleicht liegt es daran, dass du dein eigenes Leben, deine Beziehungen und deine Ehe kontrollierst. Erst nachdem ich meinen Partner als einzigartige Schöpfung Gottes akzeptiert hatte, von Gott zu Seiner Freude geschaffen, konnte ich Tinus mit Gottes Augen sehen. Danach war ich diejenige, die sich innerhalb der Dreierbeziehung – Gott, Tinus und ich – veränderte, nicht mein Mann.

Als Gott mich nach dem Unfall von der Straße auflas, akzeptierte Er mich – mit all meinen Mängeln, meinem Stolz und all dem, was mich ausmachte. Er forderte nicht, dass ich erst perfekt und ohne Sünde werden müsse, bevor Er mich in Seine Gegenwart ließ. Stattdessen streckte Er Seine Arme aus und sagte: „Retha, ich habe so lange auf dich gewartet."

Die Liebe, die ich für andere habe, beeinflusst direkt meine Beziehung, die ich zu Gott habe. In 1. Johannes 4,16 wird das klar ausgedrückt: *„Und wir haben erkannt und geglaubt die Liebe, die Gott zu uns hat. Gott ist Liebe, und wer in der Liebe bleibt, bleibt in Gott und Gott bleibt in ihm."*

Wir möchten alle bedingungslos geliebt werden. Wir wollen verzweifelt um unserer selbst Willen angenommen werden. Sei still und wisse, dass Gott dich liebt. Er akzeptiert dich. Er ist dein Schutz. Das Bewusstsein, Gottes Gegenwart in deinem Leben zu verlieren, ist das Schlimmste, was dir passieren kann.

Damit wir uns selbst Gott geben können, müssen wir unser Herz mehr als alles andere schützen. Deswegen sollten wir das ständige Gebet zu unserer Gewohnheit machen. Wenn du in Seiner liebenden Gegenwart bist, fühlst du dich nie allein. Nach einer Weile hast du dich so auf Ihn eingestellt, dass du Seine Gegenwart den ganzen Tag lang fühlst. Seine Liebe wird dich wie eine mächtige Welle umhüllen. Das ist alles, was du brauchst.

Lass es nicht zu, dass Stolz deine Beziehung zu Gott beeinträchtigt. Gib' dich Ihm ganz und lebe in Seiner kostbaren Gegenwart.

> Lebt wie Kinder des lebendigen Gottes. Zeigt der Welt Seine Macht. Seine Liebe ist großartig.
> Er ist unser Gott und unser Vater. Ich liebe Dich, mein Herr Jesus und Gott, unser Vater.

Mami, du wurdest auserwählt, die Braut vorzubereiten. Weißt du, dass Jesus dich rüsten wird, um Seine Salbung zu offenbaren? Gott lässt es geschehen. Er wird dich in die Welt senden.

My kop voel lekker
Ek sal gesond word
en nie meer moeilik wees nie
God se ek sal weer reg
praat en dan sal ek
ook sy woord verkondig.
Ek is baie gelukkig
want Julle is so goed
vir my en lief vir my.
Sal jy my asb altyd
so liefhe God gaan
ons saam gebruik om
sy woord te verkondig.
Ons is die gelukkigste
gesin. Sal jy asb
ook met my
opnames help
wat ek gaan maak oor Jesus
ek gaan ook CD's maak en
vertel dat ek in die hemel was

FREITAG, 11. NOVEMBER 2005

Meinem Kopf geht es gut. Ich werde geheilt und nicht mehr launisch sein. Gott sagt, dass ich meine Sprache vollständig wiedererlangen und ich Sein Wort predigen werde. Ich bin sehr glücklich, weil du dich gut um mich kümmerst und mich liebst. Wirst du mich immer so lieben? Gott wird uns dazu benutzen, dass wir die Gute Nachricht verbreiten. Wir sind eine gesegnete Familie. Bitte, Mami, hilfst du mir bei den Aufnahmen, die ich für Jesus machen werde? Ich möchte auch eine CD aufnehmen, die den Menschen sagt, dass ich im Himmel war.

Offenbarung 19,12-13:
„Seine Augen aber sind eine Feuerflamme, und auf Seinem Haupt sind viele Diademe, und ER trägt einen Namen geschrieben, den niemand kennt als nur ER selbst; und ER ist bekleidet mit einem in Blut getauchten Gewand, und Sein Name heißt: Das Wort Gottes."

In unserem Alltag ist Gottes Wort die Lampe für unsere Füße und das Licht auf unserem Weg. Jesus ist das Wort Gottes. Auch, wenn es natürlich nicht falsch ist, christliche Literatur zu lesen, so ist die Bibel jedoch das wichtigste Buch von allen. Deshalb sollten wir mehr Zeit damit verbringen, sie zu lesen, als dass wir alles andere tun.

Die Wahrheit in Gottes Wort macht mich frei! Mein Selbstbildnis basiert oft auf meinen Gefühlen, und diese sind unrein und unecht. Aber wenn ich die Bibel lese, sehe ich mich durch Gottes Augen, und mit deren Hilfe kann ich den Kurs für mein Leben bestimmen. Für mich kam es letztendlich darauf an, wem und was ich glauben wollte, Gott oder meinen Gefühlen.

In der Zeit, als Aldo im Koma lag und ich an seiner Bettkante Wache hielt, war es für mich schwierig, positiv zu denken und Leben auszusprechen (egal ob laut oder in leisem Gebet), während alle anderen negative Behauptungen über seinen Zustand und seine Prognosen machten. Eines Tages hielt ich es nicht mehr aus. Ich fiel vor Gott auf mein Gesicht und sagte Ihm, dass ich Ihn beim Wort nehmen werde. Ich fing an, das Wort und Bibelverse, anstatt meine Gedanken und Gefühle auszusprechen, und Dinge begannen, sich zu ändern. Wenn du Gottes Wort im Glauben aussprichst, wird sich deine Umgebung verändern, so wie sie sich für den nigerianischen Pastor verändert hat, der vier Tage tot war. Seine Frau hielt fest an Gottes Wort, und die Wahrheit erweckte ihn wieder zum Leben.

Obwohl ich weiterhin negative Äußerungen über Aldo hörte, wusste ich, dass Gottes Wort die Wahrheit war, und diese Wahrheit war mächtiger als medizinische Fakten und Ergebnisse. Gott hat mit mir über Aldo gesprochen, und ich glaube Ihm von ganzem Herzen.

Je mehr Zeit ich mit Gottes Wort verbrachte, desto mehr Antworten erhielt ich. Gott sprach zu mir. Er spricht durch die Natur, durch Menschen, Träume und Visionen und durch Seinen Geist zu uns. Gott verstummte nicht nach der biblischen Zeit. Lies regelmäßig Gottes Wort und studiere es. Bitte den Heiligen Geist der Wahrheit, dir Gottes Wort zu offenbaren und zu erklären, und Er wird auch zu dir reden. Die Bibel ist die Quelle für unsere Stärke.

Du kannst dem Wort Gottes vertrauen. Was Er sagt, wird geschehen. Gott verspricht in Jesaja 55,11: „*... so wird mein Wort sein, das aus meinem Mund hervorgeht. Es wird nicht leer zu mir zurückkehren, sondern es wird bewirken, was mir gefällt, und ausführen, wozu ich es gesandt habe.*“

Wenn Gott durch Sein Wort zu uns spricht (und wenn wir es im Glauben annehmen!), werden Dinge sich verändern. Ich entschied mich dafür, Sein Wort über die medizinischen Meinungen zu stellen, und auf das Kreuz zu schauen, anstatt auf meine Umstände.

Was du säst, wirst du ernten. Leben ist wie ein Echo. Was immer du der Bergwand zurufst, kommt zu dir zurück. Mit anderen Worten, das, was du hinein tust, bekommst du auch wieder heraus. Wenn du viel Zeit mit deiner Familie verbringst, wirst du mit jedem Familienmitglied eine feste Beziehung bekommen. Das ist die Belohnung für die Zeit, die du in sie investiert hast. Ähnlich reflektiert der Zustand deiner Ehe die Zeit, die du mit deinem Ehepartner verbracht hast. Ich denke, die eigentliche Frage ist, wie viel Zeit du mit Gottes Wort verbringst, denn dies bestimmt deine Beziehung zu Ihm. Vielleicht holst du gerade eine Ernte ein, von der du dir wünschtest, sie nie gesät zu haben. Für eine Veränderung ist es nie zu spät.

Deine Gleichgültigkeit gegenüber Gottes Wort kann dazu führen, dass du Gottes Fülle nicht erlebst. Du hast nur ein Leben, das du leben kannst. Lebe es im Wort.

Jesus sal ons pappa seen en ons
sal kom hulle want ons sal wees
soos n boum wat geplant is by waterstrome.
Jesus se ek gaan en sy woord verkondig
oor die wereld.
Sal jy saam gaan na waar ek
gestuur gaan word
Jesus sal my salf en stuur
wees voorbereid
Jesus se gaan en werk vir
my ek sal vir jou sorg.
Word die Retha wat Ek beplan
het vir jou jy gaan 'n groot bedieaing he
oor die wereld.

DIENSTAG, 21. JUNI 2005

JESUS WIRD MEINEN PAPA SEGNEN. WIR WERDEN IHN LIEBEN, WEIL ER WIE EIN BAUM IST, DER AN EINEM BACH GEPFLANZT WURDE. JESUS SAGT, ICH WERDE SEIN WORT AUF DER GANZEN WELT PREDIGEN. WIRST DU MIT MIR GEHEN, EGAL, WOHIN ER UNS SENDET? JESUS WIRD MICH SALBEN UND SENDEN. BEREITE DICH DARAUF VOR, JESUS HAT EINE BOTSCHAFT FÜR DICH, MAMI. ER SAGT: „GEH UND ARBEITE FÜR MICH, UND ICH WERDE FÜR DICH SORGEN. SEI DIE RETHA, DIE ICH GESCHAFFEN HABE. WEIL ICH DICH DAZU AUSERWÄHLT HABE, EINEN GROSSEN DIENST IN DER GANZEN WELT ZU TUN."

Epheser 6,13:
„Deshalb ergreift die ganze Waffenrüstung Gottes, damit ihr an dem bösen Tag widerstehen und, wenn ihr alles ausgerichtet habt, stehen bleiben könnt!"

Gott hat uns nur aus einem Grund Seine Waffenrüstung gegeben: Wir müssen sie benutzen, wenn wir gegen Böses kämpfen. Ohne den Schutz der Waffenrüstung von Gott sind wir im geistlichen Bereich nackt und wehrlos und so eine leichte Beute für den Feind. Gott schützt uns vor Gefahr, hilft uns in Krisen und bestärkt uns in unserer göttlichen Berufung. Lasst uns Gottes Code der Waffenrüstung genauer anschauen:

- Der Gürtel der Wahrheit um unsere Taille ist lebendig. Er schützt uns gegen die Lügen und Falschheit, die der Feind benutzt, um unseren Glauben an Gott und Seine Versprechen zu zerstören. Dein Gürtel hält deine Hose. Ohne den Gürtel der Wahrheit wirst du vielleicht mit den geistlichen Hosen auf deinen Knöcheln erwischt. Schnall den Gürtel fest und sei bereit.

- Der Panzer der Gerechtigkeit bezieht sich auf die Tatsache, dass wir durch das Blut Jesu mit Gott ins Reine gekommen sind. Er hat uns moralisch gerechtfertigt und in Gottes Augen erneuert. Daher ist der Panzer unsere Gerechtigkeit durch Jesus Christus, und deshalb beschützt er das Teil, das bei uns am ehesten verwundbar ist: unser Herz, das durch das Kreuz von Sünde rein gewaschen und heilig gemacht worden ist.

- Unsere Schuhe möchten unbedingt dort hingehen, wohin Er uns sendet, damit wir die Gute Nachricht in Frieden verbreiten. Das bezieht sich auf unsere Bereitwilligkeit, die Welt zu evangelisieren. Bist du bereit, nach China, Russland oder in ein afrikanisches Land zu gehen, um das Wort Gottes auf der ganzen Welt zu verbreiten? Wirst du dein bequemes Leben und jeden, den du lieb hast, aufgeben, um in ein fremdes Land zu gehen, wo es vielleicht keine Religionsfreiheit gibt, und unter Menschen leben und arbeiten, die dich vielleicht zu jeder Zeit verraten und dem Staatsanwalt ausliefern würden? Bist du auch bereit, für diejenigen zu beten und sie finanziell zu unterstützen, die auf diese wichtigste Berufung antworten?

  Auch wenn Gott dich nicht bittet, nach Korea oder in den Mittleren Osten zu gehen, bist du trotzdem bereit, Gottes Güte in deinem Leben, an deinem Arbeitsplatz, in deinem Freundeskreis oder in der Schule deiner Kinder zu bezeugen? Wenn du morgen deine Schuhe anziehst, denk' an all die Orte, wo sie dich hinbringen, und die Möglichkeiten, die du haben wirst, Menschen zu berichten, dass Jesus lebt!

- Der Schutzschild des Glaubens löscht die brennenden Pfeile des Feindes aus. Wie Gold im Feuer gereinigt und getestet wird, so ist es auch mit unserem Glauben an Gott. Nur weil du an Gottes Wort und Seine Verheißungen glaubst, bedeutet es noch lange nicht, dass du keinen Zweifel erleben wirst. Dann ist es an der Zeit, dein Schutzschild des Glaubens hochzuheben, um dem Feind zu widerstehen. In diesem Fall solltest du jemanden anrufen, der auch gläubig ist und ihn bitten, für dich zu beten.

  Wenn der Feind dich angreift, greif nach deiner Bibel. Lies noch einmal die Versprechen und Schriftstellen, die der Heilige Geist dir über die Jahre hinweg gegeben hat. Lies laut!

Wenn du das mächtige Wort Gottes hörst, wird es dir Glauben geben, und du wirst dem Feind widerstehen.

- Der Helm des Heils beschützt unseren Kopf und damit auch unseren Verstand. Wir setzen ihn auf, wenn wir uns unsere Sünde eingestehen. Er schützt uns, wenn wir das Versöhnungsopfer Jesu als freie Gnadengabe annehmen.

  Jemanden zu enthaupten ist die sicherste Methode, ihn umzubringen. Deshalb wird Errettung mit einem Helm verglichen: Er beschützt den wichtigsten Teil deines Körpers vor dem Feind. Eine Verletzung an deinem Bein oder deinem Arm kannst du überleben, aber wenn du deinen Kopf verlierst, dann ist alles vorbei. Also, sichere deinen Helm. Bekenne mit deinem Mund, dass du durch Gnade gerettet wurdest, und damit wird der Angriff des Feindes vereitelt.

- Das Schwert des Geistes wird benutzt, um dem Feind zu widerstehen und ihn zu erschlagen. Das Wort Gottes ist eine kraftvolle und mächtige Waffe, die schärfer ist als jedes Schwert und deine Gedanken und die Tiefe deines Herzens testen kann. Für den Christen ist es ein Juwel und ein unverkennbares Zeichen Gottes.

  Vertraue auf Gottes Wort, wenn du Trauerseelsorge machst oder jemandem einen Rat gibst, wie man mit aufsässigen Teenagern umgeht. Kein noch so schlaues Zitat oder ein 5-Punkte-Plan kann den Feind der Trauer oder der Rebellion (oder irgendeinen anderen Feind) besiegen, so wie Gottes Wort es kann. Versuche wenigstens ein paar wichtige Verse auswendig zu lernen, damit du sie zitieren kannst, sobald du sie brauchst. Aber mach dir keine Gedanken, wenn du dich nicht an die genauen Worte erinnern kannst: Der Heilige Geist gibt dir die richtigen Worte.

- Beständiges Gebet im Geist macht uns wachsam. Es ist unsere direkte Verbindung zu Gott und wird durch Danksagung und Lobpreis gestärkt.

  Wir müssen diese besonderen Teile der geistlichen Kleidung anziehen, nicht nur damit wir unsere Stellung im Kampf behaupten können, sondern damit wir auch in Jesus Christus siegen können.

Heute werde ich so sein, wie Jesus mich haben will. Ich muss ein Prophet sein, der Menschen davor warnt, dass Jesus für uns wiederkommt. Wir werden die Macht Gottes, dem wir dienen, durch Fluten und Erdbeben erleben. Mama, wirst du jeden davor warnen, dass Fluten kommen werden?

Gott wird mir helfen, dir nicht wieder weh zu tun, Mami. Ich will dich nicht verletzen. Bitte, vergib mir.

Gott möchte, dass ich, so wie du es tust, Mami, Sein Wort predige. Ich werde mit dir zu deinem nächsten Auftritt gehen. Du musst ab jetzt zur Gemeinde gehen, um zu erkennen, wie du dich verhalten sollst. Gott und einige Seiner Engel werden dort sein. Raphael wird auch da sein. Bitte nimm mich mit, wenn du dort hingehst. Ich sehe Raphael nachts wenn er kommt, um mit mir zu reden. Es ist seine Aufgabe, uns zu heilen. Er half mir, mein Augenlicht wiederzuerlangen. Er wird mich auch von meinen anderen Verletzungen heilen.

Laat ons soos Jesus gaan
en die woord vkondig
Ek weet ek gaan gou gesond
wees om sy woord te verkondig
sal jou gees oop gemaak
wees vir God se gees
om in te kom. Hy wil
jou gebruik om mense
te vertel van die HG
en hoe om Hom aan te
neem. Soos Sameul sal ek
ook terug gaan na
die tempel. God sal my
self leer deur die HG
wat by my is elke
oomblik. Leef
soos God wil he herlig
ek weet ek gaan 100% gesond
wees - wees geduldig mamma
wees geduldig. Lief jou
en pappa.

DIENSTAG, 25. OKTOBER 2005

Lasst uns hinausgehen, so wie Jesus es getan hat und das Wort predigen. Ich weiss jetzt, dass ich bald geheilt sein werde und damit beginnen kann, das Wort zu predigen. Wird dein Geist offen sein, damit Gottes Geist hineinkommen kann? Gott sagt: „Ich will dich dazu benutzen, damit du den Menschen vom Heiligen Geist erzählst und wie man Ihn annehmen kann." Genau so wie Samuel werde auch ich zum Tempel zurückkehren. Gott wird mich durch den Heiligen Geist, der immer bei mir ist, alles lehren, was ich wissen muss. Lebe so wie Gott es will: Heilig. Ich weiss, dass ich 100 % geheilt werde. Sei geduldig, Mami! Ich liebe Mami und Papi.

Matthäus 7,20:
Deshalb, an ihren Früchten werdet ihr sie erkennen.

Gott sagte zu mir: „Retha, du bist wie ein Feigenbaum. Er ist wunderschön und groß mit einem festen Stamm und riesigen Blättern, aber er trägt keine Frucht. Du hast sogar Zeichen um den Baum herum gesetzt: ‚Ich bin eine Christin!' ‚Schau mich, die Christin, an.' Du bist jeden Sonntag in der Gemeinde, aber wo ist deine Frucht? Anstatt Früchte zu ernten, kritisierst und verurteilst du andere und ziehst sie herunter.

„Du musst der Versuchung widerstehen, andere zu richten. Denn Ich setze für dich die gleichen Maßstäbe an, die du bei anderen ansetzt, um sie zu richten. Indem du andere verurteilst, zwingst du Mich, dich zu verurteilen. Und damit öffnest du die Tür für Satan, der deinen Geist verunreinigen wird. Statt, dass du andere richtest, möchte ich, dass du sie segnest. Segne sie immer wieder."

„Erlaube dem Heiligen Geist, dein Leben zu beschneiden und den kritischen Geist zu entwurzeln. Setz dich nicht auf dein hohes Ross, wenn du beschnitten wirst. Sei still und erkenne, dass Ich Gott bin und auch die Kontrolle über deinen Beschneidungsprozess habe. So reagiert eines Meiner erwachsenen Kinder auf die Beschneidung."

Das war ein hartes Wort für mich, aber ich musste Ihm erlauben, alles wegzuschneiden, was nicht von Ihm kam. Rebellierst du auch manchmal, wenn sich dir der Gärtner mit einer Baumschere nähert? Gott möchte, dass wir Früchte tragen, damit Er die Welt durch uns nähren kann. Durch das Beschneiden trägt ein Baum mehr Früchte. Und so müssen auch wir beschnitten werden, damit die Früchte des Geistes in unserem Leben heranreifen.

In Galater 5,22+23 steht genau, welche geistlichen Früchte Gott von uns erwartet, dass wir sie tragen: „*Die Frucht des Geistes aber ist: Liebe, Freude, Friede, Langmut, Freundlichkeit, Güte, Treue, Sanftmut, Enthaltsamkeit. Gegen diese ist das Gesetz nicht gerichtet.*" Wenn der Heilige Geist in uns lebt, werden wir Sein Wesen durch diese Früchte offenbaren.

Jesus sagt, wir werden Sein Wort zusammen mit anderen Familien predigen. Wir werden Gott sehen. Geh und predige die Wahrheit, dass Jesus lebt!
Werde so, wie Gott dich haben will: heilig und Ihm gehorsam. Wirst du immer für Ihn arbeiten, Mami? Wir wissen, dass Er lebt, weil wir bei Jesus im Thronsaal waren. Er wird mich heilen. Er wird mich neu machen, so wie aus Ton, Er wird aus mir ein neues Geschöpf machen, durch Seine Hand und zu Seiner Ehre.

Jy moet soos waarskû so gaan
Lewens verander waarom God
wil hê dat jy mense moet
waarsku dat Hy oppad is
wees gereed as Hy ons
kom haal. Daar is 'n
Bruilofsfees wat wag vir almal
wat gereed is. Lees Math 25

Lief vir u Jesus en dankie
dat u vir my gesterf het!!
Lief vir u gees van God
gooi alles in jou huis uit
wat nie van God is nie.
Weet mamma dat jy gerdep
is vir God self en dat
jy net vir Hom moet leef
Wie sal gaan en sy woord
verkondig God sal my
gesond maak en ek sal Hom
dien solank ek lewe.

MONTAG, 26. FEBRUAR 2007

Du musst die Menschen warnen, Mami. So werden sie ihr Leben verändern. Gott möchte, dass du sie warnst, weil Er sich auf dem Rückweg befindet. Sei bereit. Er kommt für uns zurück. Die Hochzeitsfeier ist vorbereitet und wartet auf die, die bereit sind. Lies Matthäus 25. Ich liebe dich, HERR Jesus. Danke, dass du für mich gestorben bist. Ich liebe dich, Geist des HERRN. Entledige dich von allem in deinem Haus, was nicht vom HERRN ist. Mami, weisst du, dass du von Gott berufen bist und du dein Leben allein für Ihn leben sollst? Wirst du gehen und Sein Wort predigen? Gott wird mich heilen, und ich werde Ihm dienen, solange ich lebe.

Apostelgeschichte 1,8:
„Aber ihr werdet Kraft empfangen, wenn der Heilige Geist auf euch gekommen ist; und ihr werdet meine Zeugen sein, sowohl in Jerusalem als auch in ganz Judäa und Samaria und bis an das Ende der Erde."

Ich werde als Experte angesehen, was die Bereiche Image und äußeres Erscheinungsbild betrifft. Ich kenne alle Geheimnisse, körperliche Schönheit und eine makellose äußere Erscheinung zu präsentieren. Als jedoch meine Beziehung zu Gott intensiver wurde, wurden mir die Schwächen in meiner geistlichen Bekleidung bewusst. Obwohl Gott mir den Mut eines Löwen gegeben und mich überzeugt hatte, dass Aldo und ich in der Lage sein würden, die von Ihm gestellte Aufgabe zu erfüllen, kam es mir vor, als bräuchte ich noch weitere Fähigkeiten:

„Herr, ich brauche viel Leitung. Bitte hilf mir!"

Gottes Antwort darauf war einfach: „Ich möchte, dass du ein Leben in Gerechtigkeit führst. Mein Geist ist in dir, und er wird dich mit allem ausstatten, was du wissen musst."

Dann zeigte mir Gott zwei Schriftstellen, die das bestätigten. Die erste ist in Römer 8,9: *„Ihr aber seid .... im Geist, wenn wirklich Gottes Geist in euch wohnt. Wenn aber jemand Christi Geist nicht hat, der ist nicht sein.“* Die zweite ist in Johannes 14,26: *„Der Beistand aber, der Heilige Geist, den der Vater senden wird in meinem Namen, der wird euch alles lehren und euch an alles erinnern, was ich euch gesagt habe.“*

Wenn du mit dem Heiligen Geist erfüllt sein willst, dann musst du dein Herz entladen, alle eigenen Vorstellungen, deine Träume, Bedürfnisse und Pläne hinauswerfen. Trenne dich von deinen eigensinnigen Willensentscheidungen. Hast du dich so von dir entladen, wird Gottes Geist dich ganz erfüllen und zu allem befähigen, was Er durch dich erreichen möchte.

Es ist leicht, jemanden zu erkennen, der im Geist lebt. Er dreht sich um Gott, anstatt um sich selbst. Eine geisterfüllte Person ist sich selbst gestorben und hat die Gnade eines neuen Lebens in Christus angenommen. Jeder Aspekt ihres Lebens wird vom Geist geführt, der sie dazu befähigt, genau das Leben zu führen, das Gott mit ihr geplant hat.

Gott zeigte mir, wie wichtig es ist, mit dem Heiligen Geist erfüllt zu sein, als ich eines Abends bei dem Bootsverein am Hartebeespoortdam joggte. Ich machte beim Yachthafen eine Pause, um Luft zu holen, und sah die Boote, die am Ufer vor Anker lagen. Sie machten beim Hin- und Herschaukeln auf der Oberfläche ein Geräusch, das sich wie „klick, klick“ anhörte.

„Ist das nicht wunderschön?“

„Ja, Herr. Das klickende Geräusch ist auch beruhigend.“

„Diese Boote sind wie Meine Gemeinde. Jeden Sonntag stehen sie in der Gemeinde und „klicken“ gemeinsam. Die Einen klicken etwas lauter als die Anderen, aber sie klicken alle! Was denkst du, was die Boote brauchen, um ihre Höchstleistung erreichen zu können?“ fragte Er.

„Das sind Segelboote, und die brauchen Wind.“

„Mein Wind muss durch Meine Gemeinde blasen, damit sie das können, wozu ich sie geschaffen habe. Sie müssen mit meinem Geist erfüllt sein.“

Nach Himmelfahrt warteten und beteten die Jünger zehn Tage lang, bevor sie mit dem Heiligen Geist erfüllt wurden, und erst, nachdem sie mit dem Geist erfüllt waren, fingen sie an zu predigen und Zeugnis zu geben, so wie Jesus sagte, dass sie es tun sollten. Ohne den Heiligen Geist sind wir verloren. Jeder, der für Gott leben und Sein Gebot halten will, muss mit dem Geist erfüllt sein, damit Er ihn benutzen kann.

Keiner von uns ist heilig. Nicht bekannte Sünden, schlechte Angewohnheiten und ein Herz, das nicht vergeben kann, hindern die Arbeit des Geistes in unserem Leben. Deshalb hört eine geisterfüllte Person auf den Geist und entwurzelt diese Eindringlinge, damit Gott die Arbeit ausführen kann, die Er in uns angefangen hat.

Wenn der Heilige Geist in uns wohnt, wird Er in uns arbeiten, damit wir Jesus immer ähnlicher werden. Obwohl es viele Charaktereigenschaften gibt, die der Heilige Geist in uns anlegt, hat Er mich nur sieben davon gelehrt. Das sind ...

- Der Geist des Gebets
- Der Geist der Sohnschaft
- Der Geist des Gehorsams
- Der Geist des Glaubens
- Der Geist der Anbetung
- Der Geist der Wahrheit
- Der Geist des Bundes

Aan al my maats

Jesus het my lewe gered.
Jesus wil ons lewe gebruik tot
Sy eer. Ons moet Hom net eer.
Dankie dat julle vir my gebid
het. Jesus het vir my gese julle
bid vir my. Hy was trots op julle omdat
julle op Hom vertrou het.

MONTAG, 6. MÄRZ 2008

An alle meine Freunde!

Jesus hat mein Leben gerettet. Jesus will unsere Leben zu Seiner Ehre benutzen. Wir müssen Ihn ehren: Danke, dass ihr alle für mich betet. Er war stolz auf euch, dass ihr Ihm vertraut habt.

Römer 8,26:
„Ebenso aber nimmt auch der Geist sich unserer Schwachheit an; denn wir wissen nicht, was wir bitten sollen, wie es sich gebührt, aber der Geist selbst verwendet sich für uns in unaussprechlichen Seufzern."

Ich habe schon so viele unterschiedliche Wege aufgezeigt, in denen Gott mit uns spricht. Aber wir können nur auf eine Weise mit Ihm reden, und das ist das Gebet. All die großartigen Männer und Frauen in der Bibel, die Propheten und Jünger „beteten alle unablässig" (1. Thessalonicher 5,17). Bedenke, dass Jesus sich immer zurückzieht, um zu beten, bevor wir das Wunder sehen, das Er vollbracht hat. Wir dürfen nicht bezweifeln, dass das Gebet in unserer Beziehung zu Gott von höchster Wichtigkeit ist.

Die meisten Menschen denken, dass sie nicht wissen, wie man betet, aber wenn wir im Geist bleiben, wird Er uns lehren, wie man betet und sogar für wen wir beten sollen, denn der Heilige Geist ist ein Geist des Flehens. Wir müssen Ihm gegenüber einfach nur feinfühlig sein. Wie oft hast du einen ganzen Tag lang an jemanden gedacht und in deinem Geist gewusst, dass du für ihn beten sollst? Aber du hast es nicht gemacht! Und später hast du herausgefunden, er brauchte wirklich Gebet zu dieser Zeit in seinem Leben.

Tinus und die Kinder holten mich eines Tages nach einem Vortrag in Secunda (Mpumalanga) ab. Aldo, der zu dieser Zeit noch nicht sprechen konnte, schrieb, dass wir für einen Freund der Familie beten müssen. Weil Aldo darauf bestand, hielten wir an und beteten für ihn. Aldo saß auf dem ganzen Nachhauseweg mit geschlossenen Augen, und ich konnte sehen, dass er im Geist betete. Später nahm er mein Handy und gab mir zu verstehen, ich solle unseren Freund anrufen. Aber ich tat es nicht, weil ich dachte, Aldo wäre einfach nur hartnäckig. Als ich Tage später endlich anrief, war ich geschockt zu hören, dass unser Freund an jenem Tag wirklich unser Gebet brauchte, weil er einen Autounfall hatte. Obwohl er nicht verletzt war, sind andere Menschen dort gestorben. Auf jeden Fall hat der Geist des Flehens durch Aldo gewirkt, als er uns an jenem Tag bat, für unseren Freund zu beten.

In Matthäus 7,7 verspricht Gott: *„Bittet, und es wird euch gegeben werden; sucht, und ihr werdet finden; klopft an, und es wird euch geöffnet werden!“* Und in Matthäus 21,22 wiederholt er: *„Und alles, was immer ihr im Gebet glaubend begehrt, werdet ihr empfangen.“* Zwei fantastische Versprechen, die beide die Wichtigkeit des Gebets offenbaren. Die meisten von uns denken, dass „fragen“, „suchen“ und „beten“ eine Sache von fünf Minuten ist. Du wirst überhaupt nichts empfangen, wenn du, total erschöpft, nur die letzten fünf Minuten deines Tages mit Gott im Gebet verbringst. Gebet, das Berge versetzt, Heilung und geistliche Reife bringt, erfordert Hingabe und Zeit, in der man auf Gott wartet. Du musst Gott so suchen, wie Jakob es tat: an Ihm festhalten, bis Er dich segnet. In unserer hektischen Welt haben wir einfach keine Zeit, auf Gott zu warten. Und genau da beraubt uns der Feind. Wenn wir beten, rasseln wir einfach nur eine Liste von Bedürfnissen und Wünschen hinunter, dann stehen wir auf und verlassen Seine Gegenwart, ohne Seinen Frieden oder Seine Freude empfangen zu haben.

Stattdessen möchte Gott eine innige und liebevolle Beziehung zu dir durch das Gebet aufbauen. Das ist dein direkter Kommunikationsdraht zu Gott, über den du Ihn jederzeit überall erreichen kannst.

Eines Abends arbeitete ich bis spät in der Nacht in meinem Büro. Bevor ich ins Bett ging, es war gegen ein Uhr morgens, sah ich nach Aldo. Ich fand ihn auf seinen Knien.

„Aldo, du musst jetzt schlafen gehen. Morgen musst du in die Schule“, sagte ich recht streng.

„Ich warte auf Gott, Mami“, erwiderte er.

Mit Tränen in den Augen verließ ich den Raum. Da wurde mir bewusst, wie falsch die Art war, die ich ihn beten lehrte, als er jünger war: Es war ungefähr so, wie: „Sage Gott, was du brauchst, sage ‚Amen‘ und dann spring ins Bett.“ Das kann Gott bestimmt nicht gefallen haben.

Gott möchte, dass wir in einer ständigen Gebetshaltung bleiben. Wenn du im Gebet verharrst, wird Er sich dir offenbaren. In Jeremia 33,3 steht: *„Rufe mich an, dann will ich dir antworten und will dir Großes und Unfassbares mitteilen, das du nicht kennst.“* Das lehrte mich, dass das Gebet keine Einbahnstraße ist. Jetzt, wenn ich mit Beten fertig bin, warte ich auf Gott, um Seine Stimme zu hören.

„Mami, betest du noch für mich?“ fragte Aldo eines Morgens vor der Schule.

„Natürlich tue ich das“, antwortete ich. „Und ich werde nicht aufhören, für dich zu beten. Warum fragst du mich das überhaupt?“

„Als ich im Himmel war, sah ich, dass Gott einen Engel sandte, der den Menschen half, wenn jemand gebetet hat. Also, höre bitte nicht auf, für mich zu beten.“

Augenblicke wie diese machen mich demütig, aber es tröstet mich zu wissen, dass in 1. Petrus 5,5-6 steht: *„... Alle aber umkleidet euch mit Demut im Umgang miteinander! Denn Gott widersteht den Hochmütigen, den Demütigen aber gibt er Gnade. Demütigt euch nun unter die mächtige Hand Gottes, damit er euch erhöhe zur rechten Zeit.“* Und so beuge ich meine steifen Knie und meinen stolzen Rücken, mit dem Wissen, wie sehr ich von Ihm abhängig bin.

„Denk daran, Retha, in dem Moment, in dem du Meine Gegenwart verlässt, steckst du wieder in deiner Unabhängigkeit und deinem Stolz“, sagte Gott. „In meiner Gegenwart aber ist Demut.“

„Ja, Herr, und Frieden und Freude und Liebe“, fügte ich hinzu.

as julle my nie geoffer
het nie was ek dood.

Weet sy dat ek was
die heeltyd by Jesus
waar Hy my heeltyd sy
woord geleer het. God het
weer my lewend gemaak
en sy gees in my geblaas aoly breek
,

SAMSTAG, 15. OKTOBER 2005

Wenn du mich nicht geopfert hättest, wäre ich tot. Wusstest du, dass ich die ganze Zeit bei Gott war? Er lehrte mich Sein Wort, als ich im Himmel war. Gott hat mich wieder lebendig gemacht, indem Er Seinen Geist in mich blies. Es war eine heilige Pause.

Römer 8,15:
„Denn ihr habt nicht einen Geist der Knechtschaft empfangen, wieder zur Furcht, sondern einen Geist der Sohnschaft habt ihr empfangen, in dem wir rufen: Abba, Vater!“

Wir alle haben schon im Leben Ablehnung zu spüren bekommen. Du hast dich vielleicht gefühlt, als würdest du nirgends dazugehören, als wärst du ganz allein auf der Welt und hättest niemanden, der sich um dich kümmert. Du fühlst dich einfach innerlich leer. Also versuchst du, diese Leere mit allem Möglichen zu füllen, mit neuen, glänzenden Autos, luxuriösen Häusern, Designerkleidung und teuren Urlauben. Du hoffst, dass du wegen dieser Errungenschaften akzeptiert wirst. Aber trotzdem bleibt die innere Leere.

Ich war auch so, immer auf der Suche nach etwas, was mich vollständig fühlen ließ. Jetzt weiß ich, dass nur Gottes Liebe und Seine Annahme meine innere Leere füllen können.

Jetzt, da ich Ihm mein Leben gegeben habe, kann ich wirklich behaupten, dass ich zu Ihm gehöre. Gott hat mich angenommen. Er hat mich erwählt, obwohl ich stolz war und ich mich um mich selbst drehte. Er holte mich aus der Dunkelheit in Sein wunderbares Licht. Ich wurde zu Seinem Kind durch den Geist, der uns zu Söhnen und Töchtern des Allerhöchsten macht. Und ich weiß, dass Er mich nie abweisen wird, auch wenn ich Ihn manchmal enttäusche. Ich passe zu Ihm und Seinem Volk. In der

Bibel steht, dass Er meinen Namen in das Buch des Lebens und in Seine Handfläche geschrieben hat.

Bevor Josh morgens zur Schule geht, male ich oft ein Herz in seine kleine Handfläche, die gerade erst fünf Jahre alt ist, und mache das Gleiche in meiner Hand. „Immer wenn du es anschaust weißt du, wie sehr ich dich liebe und dass ich den ganzen Tag an dich denke", sage ich dann.

Es ist wunderbar zu wissen, dass wir zu Gott gehören, aber auch wir müssen unseren Teil dazu beitragen. Wir müssen ein heiliges Leben führen. Epheser 1,4-5 erklärt das in unmissverständlichen Worten: „*... wie er uns in ihm auserwählt hat vor Grundlegung der Welt, dass wir heilig und tadellos vor ihm seien in Liebe, und uns vorherbestimmt hat zur Sohnschaft durch Jesus Christus für sich selbst nach dem Wohlgefallen seines Willens, zum Preise der Herrlichkeit seiner Gnade, mit der er uns begnadigt hat in dem Geliebten.*" Wieder ist es klar, dass wir durch Gnade errettet und Seine Kinder durch das Werk Jesu Christi am Kreuz wurden, aber es erfordert von uns gleichzeitig „heilig und ohne Schuld" zu sein.

Tatsache ist, dass du nicht sagen kannst, dass du zu Gott gehörst, während du immer noch die Kontrolle über dein eigenes Leben hast! Du musst Ihm dein Leben als lebendiges Opfer hingeben. In Matthäus 16,24-25 sagt Jesus: „*... Wenn jemand mir nachkommen will, verleugne er sich selbst und nehme sein Kreuz auf und folge mir nach! Denn wer sein Leben retten will, wird es verlieren; wer aber sein Leben verliert um meinetwillen, wird es finden.*" Wir müssen alles aufgeben, was uns in dieser Welt etwas bedeutet. Das ist die Vorbedingung, Sein Erbe zu werden. Ich musste sowohl meinen Sohn opfern, sowie auch meine christlichen Doktrinen und meine Art, Gott zu dienen. Solange du denkst, du kannst für dich selber sorgen, wirst du nie den vollen Segen von Pfingsten bekommen. Du musst deine Gefühle, deine Gedanken, dein Herz und vor allen Dingen deinen Willen abgeben. Erst dann wird dich Gott mit Seinem Geist füllen, und du kannst im Geist leben. Es ist eine radikale und dein Leben verändernde Wahl. Auch wenn es nicht leicht ist, so ist die Belohnung für dieses Opfer ewiges Leben.

Nach dem Unfall wurde mir klar, dass nichts in meinem Leben zu kostbar war, um es nicht Gott zu opfern. Es hat mich gelehrt, dass Gott manchmal in unserem Leben Krisen benutzt, um uns da hinzubringen, damit wir bereit werden, unser Leben hinzulegen. Erst, wenn wir uns Ihm total hingegeben haben, können wir Seine Hände und Füße für die Welt sein. Gott vertraut mir Sein Werk an, nicht, weil Er sich auf meine Stärken und Fähigkeiten verlässt, sondern, weil er sich auf den unzerstörbaren Samen des Glaubens verlässt, der durch den Heiligen Geist in mich gepflanzt wurde, als ich in Christus wiedergeboren war.

Gott zeigt uns jeden Tag, wie sehr Er uns liebt und uns annimmt.

Wir haben in unserem Haus eine neue Tradition eingeführt, indem wir uns beim Abendessen erzählen, wie jeder Gottes Liebe an diesem Tag erlebt hat. Seitdem wir damit angefangen haben, halten wir überall nach Beweisen Seiner Liebe Ausschau. Heutzutage ist unser Essen kalt, wenn wir fertig sind, Seine Güte zu bezeugen.

Wenn du im Geist bleibst, kannst du dich nicht auf deine eigenen Probleme konzentrieren. Stattdessen konzentrierst du dich auf Seine Liebe und Annahme.

Jesus sal ons gebruik om sy
woord te verkondig.
Saam sal ons sy glory beleef.
Jy moet gaan en die mense
vertel jou dat Jesus lewe.
Wil jy God se glory beleef
IMPORTANT
Wees soos wat Jesus jou
wil hê heilig net vir Hom.
Wees gehoorsaam aan sy
stem. God sal jou wys wat
om te sê op die kamp.

DIENSTAG, 23. JANUAR 2007

JESUS WIRD UNS BRAUCHEN, SEIN WORT ZU PREDIGEN. ZUSAMMEN WERDEN WIR SEINE HERRLICHKEIT SEHEN. MAMA, DU MUSST JEDEM ERZÄHLEN, DASS JESUS LEBENDIG IST! MÖCHTEST DU GOTTES HERRLICHKEIT SEHEN? DANN SEI HEILIG VOR IHM. GEHORCHE SEINER STIMME, UND ER WIRD DIR DIE RICHTIGEN WORTE GEBEN ZU REDEN.

---

1. Petrus 1,2:
„... Nach Vorkenntnis Gottes, des Vaters, in der Heiligung des Geistes zum Gehorsam und zur Besprengung mit dem Blut Jesu Christi: Gnade und Friede werde euch immer reichlicher zuteil!“

Wenn du Gott auf dem Thron lässt und Ihm die Kontrolle über dein Leben gibst, dann ist es eine echte Hingabe, nicht eine emotionale oder impulsive Entscheidung, die leicht zurückgenommen werden kann. Diese Entscheidung bedeutet, dass du Gott gehorchen willst. Und genau das ist es, was Er auch von uns erwartet. Er möchte, dass du Ihm unter allen Umständen gehorchst. Du kannst nicht entscheiden, Ihm auf der einen Seite zu gehorchen, während du auf der andere Seite tust und lässt, was du willst. Bei Gott ist alles schwarz oder weiß. Es gibt keine grauen Bereiche.

In 1. Samuel 15,22 sehen wir, wie ernst es Gott mit Gehorsam ist: *„Samuel aber sprach: Hat der HERR so viel Lust an Brandopfern und Schlachtopfern wie daran, dass man der Stimme des HERRN gehorcht? Siehe, Gehorchen ist besser als Schlachtopfer, Aufmerken besser als das Fett der Widder.“*

Diese Lektion musste ich am eigenen Leib erfahren. Obwohl ich Gott diente, war ich Ihm nicht völlig hingegeben, und die Tragödie musste geschehen, damit ich mein Leben hingab. Erst musste ich den verletzten Körper meines Kindes in den Armen halten und dann lernen, mit seiner Behinderung zu leben, bevor ich aufhörte, Seinen Willen aus eigener Kraft zu tun. Erst wenn du weißt, wie sehr du Gott wirklich brauchst, wie total du von Ihm abhängig bist, wird es leicht, Ihm zu gehorchen.

In meinem ganzen Leben habe ich versucht, Gott zu gehorchen, weil ich Angst vor Ihm hatte. Ich hatte Angst davor, einen Fehler zu machen und dass Er mich dafür bestrafen würde. Deshalb habe ich versucht, das Richtige zu tun, und nicht, weil ich Ihm gehorchen wollte. Erst jetzt ist mir die Bedeutung bewusst: Ihm zu gehorchen, ist, Ihn zu lieben. Jesus sagt in Johannes 14,21: „*Wer meine Gebote hat und sie hält, der ist es, der mich liebt; wer aber mich liebt, wird von meinem Vater geliebt werden; und ich werde ihn lieben und mich selbst ihm offenbaren.*" Viele von Gottes kostbaren Kindern spüren, dass ihre Beziehung zu Ihm ins Stocken gekommen ist. Ich möchte euch auffordern, Gott mehr und mehr zu gehorchen, und Er wird Sich euch Selbst auf neue Weise zeigen.

Vielleicht denkst du, wenn du mich anschaust: „Sie hat keine Wahl. Sie muss sich an Gott klammern und Ihm gehorchen. Sie versucht nur, das Beste aus einer wirklich schlimmen Situation zu machen." Aber so ist es nicht. Ich habe entdeckt, dass Glücklichsein (oder Unglücklichsein) wenig mit den äußeren Umständen zu tun hat. Es geht nur darum, Gott zu kennen, Ihm zu gehorchen und Ihn zu lieben.

Die Bibel lehrt uns, dass wir Miterben mit Gottes Sohn sind. Deswegen kann Er nicht anders, als von uns genau so viel Gehorsam erwarten, wie von Jesus. In Philipper 2,7-8 sehen wir Jesus als den gehorsamen Diener Gottes: „... *und der Gestalt nach wie ein Mensch befunden, erniedrigte er sich selbst und wurde gehorsam bis zum Tod, ja, zum Tod am Kreuz.*"

Word Heilig soos God wil he
jy moet wees. soos God lewe
so sal jy Sy krag sien ook
en jou lewe sal Sy krag manifestee

Sei heilig, weil Gott von dir erwartet, heilig zu sein. Wenn du ein heiliges Leben führst, wirst du Seine Macht sehen und bekannt machen.

Sei bereit für Jesu Rückkehr. Ich werde Gott gehorchen, wie Simson es getan hat. Was werden wir sagen, wenn wir eines Tages vor Seinem Thron im Himmel stehen werden? Ich sehne mich danach, in den Himmel zurückzugehen.

God sal jou uit jou omstandighede
uithaal. God het jou so lief en
jy moet net jou lewe aan Hom
offer. God het jou so lief
daarom het Hy Sy Seun
gestuur vir jou. God sal jou
omstandigheid verander, glo
net in God, maak jou lewe oop
aan God. Hy sal ons die weg
wys wat ons moet wandel.
Word wat God van jou vra,
'n mens wat gesterf het in
jouself. Glo in God en onthou...
Jesus leef, ek het Hom gesien
in die hemel. Leef vir Hom.
Liefde Aldo
24 Julie 2006

MONTAG, 24. JULI 2006

GOTT WIRD DIR AUS DEINEN UMSTÄNDEN HERAUSHELFEN. GOTT LIEBT DICH SEHR. ALLES, WAS DU DAFÜR TUN MUSST, IST, IHM DEIN LEBEN ZU GEBEN. GOTT LIEBT DICH SO SEHR, DASS ER SEINEN SOHN FÜR DICH GESANDT HAT. GOTT WIRD DEINE UMGEBUNG ÄNDERN. DU MUSST EINFACH NUR AN IHN GLAUBEN. ÖFFNE DEIN LEBEN FÜR GOTT. ER WIRD UNS DEN WEG ZEIGEN. WERDE, WIE GOTT DICH HABEN WILL: JEMAND, DER SICH SELBST GESTORBEN IST. GLAUBE AN GOTT UND DENKE DARAN: JESUS LEBT! ICH SAH IHN IM HIMMEL. LEBE FÜR IHN.

---

2. Korinther 4,13:
„... was geschrieben steht:
„Ich habe geglaubt, darum habe ich geredet" –,
so glauben auch wir, darum reden auch wir; ..."

Einer der besten Tage in meinem Leben war, als Aldo uns erzählte, wie Gott ihn ins Leben zurückgebracht hatte. „Ich war tot, aber dann blies Gott Seinen Geist in mich, und im nächsten Augenblick lebte ich." Ich denke oft daran, wenn ich diejenigen sehe, die ein- und ausatmen, aber geistlich tot sind.

In dem Moment, in dem du wiedergeboren wirst, bläst Gott den Geist des Glaubens in deine Nase, genauso wie Er körperliches Leben in den menschlichen Körper blies, als Er ihn schuf. Es ist dieser Ruach (wörtlich: Atem Gottes), der uns Leben gibt!

Seit dem Unfall schätze ich die Macht des Glaubens. Gott versprach mir, Aldo zu heilen, und daran klammere ich mich fest. Ich konzentriere mich auf Sein Versprechen und versichere mich, dass meine Taten sich dem nicht widersetzen. Der Feind weiß, wie gefährlich wir sein können, wenn wir voll des Glaubens sind. Er versucht immer, unseren Verstand auf die negativen Ansichten einer Situation zu lenken, in der Hoffnung, dass wir der Furcht erliegen. Das passiert mir, wenn Leute mich fragen, wie lange ich noch meine Augen vor der Realität in Bezug auf Aldos Zustand verschließen will. Meine Antwort ist, dass ich daran glaube, dass Gott ihn heilen wird, bevor ich sterbe. Ich werde weiter glauben, weil ich weiß, dass das das Einzige ist, was Gott gefällt.

Satan kommt immer noch mit Angst und Unglaube zu mir, aber ich habe gelernt, ihn jetzt zu erkennen. Normalerweise spricht er durch Menschen, und oft sind es Menschen, die mir nahestehen. Dann schaue ich genau mit meinem geistlichen Auge und zitiere 2. Korinther 5,7: *„... – denn wir wandeln durch Glauben, nicht durch Schauen –; ...“* So wie Abraham werde ich hoffen, wo keine Hoffnung ist, und ich werde die Verheißung empfangen. Glaube bedeutet, mit dem Herzen zu sehen und an Dinge zu glauben, die wir nicht mit unseren physischen Augen sehen. Als ich im Thronsaal war, fragte mich Gott, wie ich Aldo mit meinem geistigen Auge sehe. Wie jede Mutter sah ich meinen Sohn gesund und fröhlich, der mit seinen Freunden Fußball spielt. Aber Gott hatte eine andere Sicht.

„Ich werde dir mehr geben, als du jemals erbitten oder dir vorstellen kannst“, sagte Er.

Wenn Sie mich fragen, was meine Definition von Glauben ist, muss ich sagen, es ist die Bereitschaft, Gott zu vertrauen, obwohl ich die Antworten nicht kenne. Das soll heißen: „Egal was geschieht, Herr, ich werde Dir vertrauen.“ Und es ist nicht einfach, diese Erklärung abzugeben. Wie aus heiterem Himmel fragte Aldo mich eines Tages: „Mami, wenn Jesus heute zurückkehren würde, würde Er auch nur eine einzige Person auf der Erde finden, die noch an Ihn glaubt?“

Was mich betrifft, ich achte auf jede kleinste Verbesserung bei Aldos Zustand. Es stärkt meinen Glauben und ich preise Gott dafür, weil ich weiß, dass jedes riesengroße Werk einmal ganz klein angefangen hat.

Werden wir Gottes Braut?

Bitte lehre mich, auf Gott zu warten, Mami.

Er wird mich heilen zu Seiner Zeit.

Hy het gese ek sal oor die wereld gaan
en van Hom vertel.
Jesus is baie lief vir my.
Jesus is ook baie lief vir julle.
Jesus is ook baie lief vir Josh.
baie dankie Jesus
dat jy my lewe gered het.
Jesus prys u naam.
Jesus ons eer U naam.

DONNERSTAG, 29. DEZEMBER 2005

Er sagt, ich werde in der ganzen Welt herumreisen und den Menschen von Ihm erzählen. Jesus liebt mich sehr. Jesus liebt auch jeden von euch. Jesus liebt Josh. Danke, HERR Jesus, dass du mein Leben gerettet hast. Preist den Namen Jesu. Jesus, wir ehren Deinen Namen.

Johannes 4,24:
„Gott ist Geist, und die Ihn anbeten, müssen Ihn im Geist und in der Wahrheit anbeten."

Wenn der Geist Gottes in dir wohnt, wirst du ein starkes Verlangen haben, Ihn anzubeten. Anbetung mag vielleicht sehr abstrakt erscheinen, aber im Grunde genommen drückt man damit Gott seinen tiefen Respekt und seine Liebe aus. Es geht Hand in Hand mit Loben, Opfern und Ihn Ehren. Da sich diese Tätigkeiten zu hundert Prozent um Gott drehen, kannst du Gott nicht wirklich anbeten, bevor du dir nicht selbst gestorben bist. Danach wird dich der Heilige Geist in deiner Anbetung leiten und die Richtung vorgeben.

Wir müssen Gott täglich anbeten. Nur darin finden wir die Kraft, die wir brauchen, damit wir den bösen Mächten im geistlichen Raum widerstehen können (Epheser 6,12). Wenn wir Gott im Geist anbeten, preisen wir Ihn auf eine Weise, wie wir es in unserem Fleisch nicht tun können. In 2. Chronik 20 lesen wir von einer bevorstehenden Schlacht zwischen Juda und ihren Feinden.

Aber anstatt, dass sie ihre Schwerter schärfen, lesen wir über ihren Lobpreis und ihre Anbetung. Wieder und wieder sagt ihnen der Prophet: „Habt keine Angst und lasst euch nicht entmutigen, ... denn die Schlacht ist nicht eure sondern Gottes." Und dann sehen wir die Reaktion des Volkes in den Versen 18, 19 und 21: „... *Und ganz Juda und die Bewohner von Jerusalem fielen nieder vor dem HERRN, um den HERRN anzubeten. ... stan-*

den auf, um den HERRN, den Gott Israels, zu loben mit überaus lauter Stimme. ... und stellte Sänger für den HERRN auf, die Loblieder sangen ..., ... Preist den HERRN, denn seine Gnade währt ewig!"

Für uns ist es wichtig zu erkennen, dass sie sich nicht so sehr darüber freuten, dass Gott sie von ihren Feinden befreit hat, sondern darüber, wer Er ist. Sie preisen Seinen Charakter, Seine liebende, gnädige Art. Das ist der Grund, Gott anzubeten. Wenn wir uns auf Ihn fixieren, ist es uns sogar möglich, Ihn unter allen Umständen zu preisen, selbst in Zeiten, in denen die Dinge nicht so gut für uns laufen. Wenn du dich von dem, was gerade in deinem Leben passiert, überwältigt fühlst, dann ist es Zeit, Gott dafür zu preisen, dass Er die Kontrolle übernimmt für deine Situation, die außer Kontrolle geraten ist. Wenn du krank bist, preise Ihn dafür, dass Er dich heilt. Wenn du in finanzieller Not bist, preise Ihn dafür, dass Er dich versorgt. Mach dir keine Sorgen, wenn es dir in deinem Leben nicht so gut geht, du kannst Ihm immer zuerst danken, dass Er dich liebt, dass Er Sein Leben für dich gab, damit du dem Tod entfliehen kannst und Leben hast, dass er dir Seinen Heiligen Geist gegeben hat, der dich führt, und für die Erkenntnis, dass Er dich noch nicht aufgeben hat!

Gott dafür zu preisen, was Er ist, ist das Herz der Anbetung und wird dich näher zu Ihm bringen als alles andere. Wenn du Ihn im Geist anbetest, dich nur auf Ihn konzentrierst, kommt Seine Herrlichkeit über dich wie ein kostbares Hochzeitskleid. Es wird dich vollständig umhüllen. Wenn weltliche Augen es sehen könnten, würde es um dich herum scheinen wie ein Feuer. Die Herrlichkeit Gottes auf diese Weise zu erleben, sollte man sich am meisten wünschen.

Nach meiner Stillen Zeit bat mich Gott eines Abends, Ihm ein Lobopfer zu bringen. Sofort liefen Tränen meine Wangen hinunter, weil ich zugeben musste, dass ich meinem König noch nie ein Lobopfer gebracht hatte. Mein Rücken war immer zu steif, um sich vor Ihn hin zu beugen und mein Anstand gestatte es mir nicht, Ihn lautstark zu feiern! Aber Gott möchte so verehrt werden. Er sagt in Lukas 19,40: *„ ... wenn diese schweigen, so werden die Steine schreien."*

Ich möchte dich heute dazu ermutigen, die Initiative zu ergreifen und all deine vorgefassten Meinungen über Anbetung zu verwerfen. Lasst uns uns vor IHM verbeugen, hebt eure Hände und ruft mit den Engeln: „… *Heilig, heilig, heilig, Herr, Gott, Allmächtiger* …“ (Offenbarung 4,8)

Er ist unserer geisterfüllten Anbetung würdig!

Aan almal wat ook Jesus
se teenwoordigheid saam
met my soek. Wees gereed
as Hy ons kom haal.
Dit gaan vinniger wees
as wat ons dink. Sal jy
Hom asb. aanneem want anders
sal jy hel toe gaan.
Doen dit asb. gou! Jy het
nog 'n kans. Jesus het die
volmaakte prys betaal vir
jou en my. Hy het my alles
gewys in die Hemel en ook
die hel. Glo my jy wil nie
hel toe gaan nie! Sal jy
nou Jesus aanneem asb.
Jesus het jou so lief, glo my asb.
Jy is die rede waarom Hy
my terug gestuur het. Ek wou
nie terug gekom het nie. Maar Hy wil
hê jy moet reg wees.

DIENSTAG, 12. SEPTEMBER 2006

Sei bereit, wenn Er zu uns zurückkehrt. Es wird früher geschehen, als wir denken. Willst du Ihn bitte als deinen persönlichen Retter annehmen? Wenn du es nicht tust, wirst du zur Hölle gehen. Bitte tue es bald, solange du noch die Gelegenheit dazu hast. Jesus hat schon den vollen Preis für dich und mich bezahlt. Er hat mir alles im Himmel und in der Hölle gezeigt. Glaube mir, wenn ich sage, du willst nicht in die Hölle. Bitte, willst du nicht Jesus jetzt gleich annehmen? Jesus liebt dich sehr, glaube mir. Du bist der Grund, warum Jesus mich zurückgesandt hat. Ich wollte nicht zurückkommen. Aber Er hat mich zurückgesandt, damit du dich für Seine Rückkehr vorbereitest.

Johannes 15,26:

„Wenn der Beistand gekommen ist, ... der Geist der Wahrheit, der von dem Vater ausgeht, so wird der von mir zeugen."

Wenn wir Jesus als unseren persönlichen Retter annehmen, erwartet Gott von uns, dass wir ein Leben in Wahrheit leben, weil das Sein Wesen ausmacht. Jesus erklärt in Johannes 14,6 sogar, dass Wahrheit Sein mittlerer Name ist, wo Er sagt: „*... Ich bin der Weg und die Wahrheit und das Leben. Niemand kommt zum Vater als nur durch mich.*"

Wenn wir also Seine Kinder sein wollen, muss die Wahrheit in allem, was wir tun, offensichtlich sein. Im direkten Gegensatz zu Gott, der der Inbegriff der Wahrheit ist, sagt man vom Teufel „*... denn er ist ein Lügner und der Vater derselben ...*" (Johannes 8,44). Wenn du also eine Notlüge benutzt oder dadurch lügst, dass du etwas verheimlichst, dann stellst du dich mit dem Teufel auf eine Ebene.

Der Geist der Wahrheit ist am Werk, wenn wir z. B. andere bei ihren Problemen beraten. Wir, als menschliche Wesen, haben nicht alle Antworten parat und wissen vielleicht auch nicht, was wir sagen sollen oder wie wir jemanden beraten sollen. Aber der Heilige Geist der Wahrheit wird uns die richtigen Worte geben. *„Wenn aber jemand von euch Weisheit mangelt, so bitte er Gott, der allen willig gibt und keine Vorwürfe macht, und sie wird ihm gegeben werden.“* (Jakobus 1,5)

Wenn wir die Bibel lesen, ist uns der Geist der Wahrheit eine große Hilfe. Manchmal ist es schwierig, die Schrift zu verstehen. Manchmal sind wir uns auch nicht im Klaren darüber, was Gott uns mit einem bestimmten Vers sagen will und wie wir ihn in unseren Lebensumständen anwenden sollen. Dann müssen wir beten, damit Gottes Geist der Wahrheit unseren Verstand öffnet und uns Einsicht schenkt, dies zu verstehen. Der Psalmist sprach das gleiche Gebet in Psalm 25,5: *„Leite mich in deiner Wahrheit und lehre mich, denn du bist der Gott meines Heils; auf dich harre ich den ganzen Tag.“* Die Bibel sagt auch immer wieder, dass Gottes Wort die Wahrheit ist, der wir glauben können. *„Heilige sie durch die Wahrheit! Dein Wort ist Wahrheit.“* (Johannes 17,17) Wenn wir also unser Leben der Bibel gemäß führen, können wir sicher sein, dass die Wahrheit in uns ist.

Die Wahrheit kann aber auch verletzen. Es tut weh, wenn der Geist der Wahrheit uns mit geheimer Sünde konfrontiert oder uns unsere Mängel aufzeigt. Wir wollen uns vielleicht nicht damit befassen, aber wenn wir die Wahrheit über uns selbst akzeptieren, können wir sie bekennen. Dadurch kann der Heilige Geist, der unser Wegweiser zu einem Leben der Gerechtigkeit ist, uns immer näher zu Gott und Seinem Heiligen Feuer bringen, wo alle Unaufrichtigkeiten wie Stroh verbrennen werden. Das hat Jesus in Johannes 8,32 gemeint, wo Er sagt: *„… und ihr werdet die Wahrheit erkennen, und die Wahrheit wird euch frei machen.“*

In Aufrichtigkeit zu leben ist komplizierter, als einfach nur keine Lügen zu erzählen. Johannes 14,7 rückt dies ins rechte Licht: *„… den Geist der Wahrheit, den die Welt nicht empfangen kann, weil sie ihn nicht sieht noch ihn kennt. Ihr kennt ihn, denn er bleibt bei euch und wird in euch sein.“* Dieser Vers drückt klar aus, dass in der Wahrheit zu leben bedeutet, sie vollständig anzunehmen und keinen Raum für Ausnahmen zuzulassen. Wenn du in irgendeinem Bereich deines Lebens die Augen vor der Wahrheit verschließt, bist du nicht aufrichtig. Wenn du vorgibst, glücklich verheiratet zu sein, du aber kurz vor der Scheidung stehst, bist du nicht aufrichtig. Je früher du die Probleme in deiner Ehe erkennst, desto eher kannst du daran arbeiten, sie zu beseitigen. Wenn du die Entschuldigung deiner Freundin annimmst, aber noch sauer auf sie bist, dann bist du nicht aufrichtig. Solange du deine wahren Gefühle der Verletzung nicht zugibst, wirst du nie in der Lage sein, ihr zu vergeben und über deinen Ärger hinwegkommen. Mit einem freundlichen Gesicht kannst du jedem etwas vormachen, aber Gottes Geist kannst du nicht an der Nase herumführen. Er wird jede Falschheit und Lüge in dir finden.

Ich danke Gott für Seine Gnade. In Epheser 2,8 steht, dass wir aus Gnade gerettet sind, durch Glauben. Ohne Gnade würde niemand gerettet werden.

Das Konzept der Gnade ist für den modernen Menschen schwer zu verstehen. Wir können nicht verstehen, warum ein Allmächtiger Gott unsere Sünde einfach vergibt und uns um unserer selbst willen annimmt. Es ist der Beweis Seiner Liebe für eine Menschheit, die das nicht verdient. Seine Gnade rettet uns vor ewigem Tod, sie vergibt uns unsere Sünden, die wir bekennen, trägt uns durch schwierige Zeiten und hilft uns, das zu erreichen, was Gott durch uns vollbringen will.

Oft wollte ich etwas tun, irgendetwas, um Aldos Zustand zu verändern. Und als ich von all meinen fruchtlosen Bemühungen erschöpft war, fand ich Trost im Geist der Gnade, wie Paulus, als er in 2. Korinther 12,9 schrieb: „*Und er hat zu mir gesagt: Meine Gnade genügt dir, denn meine Kraft kommt in Schwachheit zur Vollendung. Sehr gerne will ich mich nun vielmehr meiner Schwachheiten rühmen, damit die Kraft Christi bei mir wohne.*“

Sy sal ~~Gese~~ God se bruid wees
soos ek. God sal Sy bruid
leer wat sy moet sê
en haar voorberei.
Wys soos Weste suide Noorde
en Ooste sy wil aan mense.
Sy wil is sy bruid moet
gereed wees. Sy moet sy
bruid sê, sy maak haar Ek gaan
se sy gaan self die keuse
moet maak en alles neer

MITTWOCH, 21. FEBRUAR 2007

SIE WIRD GOTTES BRAUT SEIN, SO WIE ICH. GOTT WIRD SEINE BRAUT LEHREN, WAS SIE SAGEN MUSS UND ER WIRD SIE FÜR SEINE RÜCKKEHR VORBEREITEN. SIE WIRD VOM WESTEN KOMMEN, VOM SÜDEN, NORDEN UND OSTEN. ES IST SEIN WILLE, DASS SEINE BRAUT BEREIT IST, WENN ER ZURÜCKKOMMT. WARNE DIE BRAUT, MAMA. SIE MUSS SICH SELBST ENTSCHEIDEN.

---

2. Korinther 3,6:
„... der uns auch tüchtig gemacht hat zu Dienern des Neuen Bundes, nicht des Buchstabens, sondern des Geistes. Denn der Buchstabe tötet, der Geist aber macht lebendig."

Für mich ist das das wichtigste Merkmal des Heiligen Geistes: das Leben eines Bündnisses in Christus zu führen. Wenn Jesus und Seine Erlösung am Kreuz nicht gewesen wären, hätte ich in diesem Leben keine Hoffnung mehr und auch nicht in dem nächsten. Der Geist des Bundes erinnert mich immer daran. Und so bestätigt und erneuert er meine Beziehung zu Gott. Sein Blut reinigte mich von aller Sünde und Ungerechtigkeit.

Immer, wenn wir zusammen das heilige Abendmahl einnehmen, erneuern wir unseren Bund mit Gott. Die wahre Bedeutung von Brot und Wein als Sein Leib und Sein Blut geht uns oft verloren. Wenn wir das Brot als Symbol des Leibes Christi zu uns nehmen, nährt es uns, und wenn wir den Wein (oder Saft) trinken als Symbol Seines Blutes, dann stillt es unseren Durst. Denn mit Johannes 6,55-56 sagt uns Jesus: *„... denn mein Fleisch ist wahre Speise, und mein Blut ist wahrer Trank. Wer mein Fleisch isst und mein Blut trinkt, bleibt in mir und ich in ihm."*

Das ist mein Blutbund mit Gott: Weil Jesus meine Sünde auf sich genommen hat, bleibt mir die Strafe erspart. Stattdessen empfange ich ein erfülltes Leben.

Jedesmal, wenn ich das Brot esse, entscheide ich, mein Leben hinzulegen, die Kontrolle über mein Leben abzugeben. Jedesmal, wenn ich den Wein trinke, entscheide ich mich für ein neues Leben in Christus. Der Geist des Bundes erinnert mich daran, dass Er schon den höchsten Preis für mich bezahlt hat, damit ich ewiges Leben haben kann.

Der Tisch des Abendmahls ist auch der Ort, wo ich mein Herz prüfe, um zu sehen, ob ich noch mit Gott im Reinen bin. Es ist der Ort, wo ich meine Sünden bekenne und Vergebung und Heilung erhalte. Kurz gesagt, das Abendmahl erneuert mich in Gottes Sicht, dort bedeckt mich das Blut des Lamm Gottes.

Aber in einem Beziehungsbündnis zu leben, betrifft nicht nur das Abendmahl oder das Leben nach dem Tod. Es entscheidet auch, wie ich mein Leben auf der Erde führe, bis zu der Zeit, wenn ich sie verlasse. Wenn du im Einklang mit Gott lebst, wäre es dir auch nicht möglich, dass du z. B. im Geschäftsleben Schmiergelder annimmst oder gar zahlen würdest. Genausowenig kannst du in deiner Ehe untreu sein und auf der anderen Seite behaupten, in einem Bündnis mit Gott zu leben!

Das ist eine ernste Angelegenheit! Schau mal, was Gott in Hebräer 10,29-31 über die aussagt, die Seinen Bund missachten: *„Wie viel schlimmere Strafe, meint ihr, wird der verdienen, der den Sohn Gottes mit Füßen getreten und das Blut des Bundes, durch das er geheiligt wurde, für gemein erachtet und den Geist der Gnade geschmäht hat? Denn wir kennen den, der gesagt hat: ‚Mein ist die Rache, ich will vergelten'; und wiederum: ‚Der Herr wird sein Volk richten.' Es ist furchtbar, in die Hände des lebendigen Gottes zu fallen!"*

1. April 2007

Ich liebe dich, Jesus.
Du hast mir gesagt, wir sollen ein Buch schreiben, und wir waren gehorsam. Gottes Blut und Sein Wort werden dich befreien. Gott möchte, dass du an Ihn glaubst. Setze dein Vertrauen nicht auf weltliche Wunder und Dinge. Gott wird Seinen Atem in dieses Buch hauchen, und wenn du es liest, wirst du spüren, wie der Geist dich liebt und dir den Weg zeigt.

Ich liebe Dich, Gott.
Ich liebe Dich, Heiliger Geist.

Weet jy dat saam sal ons
wees in die hemel daar
gaan ons nooit weer
siek wees nie. Almal is
gesond en God sit op
Sy troon en Sy Seun
sit langs Hom.
Hy wil Sy bruid kom
haal maar sy is nie
gereed nie. Sy moet
haar sondes weerlê want
God se bruid is heilig
Mamma moet vir die
mense sê ons is die
Laudisia gemeente. God sal
Sy oordeel laat kom oor
die mense wat Hom nie
aanneem nie.

FREITAG, 23. FEBRUAR 2007

WEISST DU, DASS WIR ZUSAMMEN IM HIMMEL SEIN WERDEN, MAMI? IM HIMMEL WERDEN WIR NIE KRANK SEIN! DORT SITZT GOTT AUF SEINEM THRON UND SEIN SOHN SITZT NEBEN IHM. ER MÖCHTE KOMMEN UND SEINE BRAUT ABHOLEN, ABER SIE IST NOCH NICHT BEREIT. SIE MUSS AUFHÖREN ZU SÜNDIGEN, DA GOTTES BRAUT HEILIG IST. MAMI, DU MUSST DEN MENSCHEN SAGEN, DASS WIR DIE LAODIZEAGEMEINDE SIND. GOTTES URTEIL WIRD ÜBER DIE KOMMEN, DIE IHN NICHT ANNEHMEN.

Offenbarung 3,15-16:
„Ich kenne deine Werke, dass du weder kalt noch heiß bist. Ach, dass du kalt oder heiß wärest! Also, weil du lau bist und weder heiß noch kalt, werde ich dich ausspeien aus meinem Munde."

Als wir eines Abends draußen gegrillt haben, sagte Aldo plötzlich: „Mami, du musst allen sagen, dass wir die Laodizeagemeinde sind."

„Wovon spricht er?" fragte Tinus.

„Es ist die letzte Gemeinde, die in der Offenbarung erwähnt wird", vermutete ich.

Aldo wiederholte den oben zitierten Vers immer wieder.

Seit diesem Abend wiederholte Aldo oft, dass die Welt hören muss, dass wir (die heutige christliche Generation) die Laodizeagemeinde sind. Und deswegen sollte ich vielleicht dieses Buch mit ein paar Bemerkungen über diese lauwarme Gemeinde abschließen.

Wenn es eine Person gibt, die dich wirklich kennt, dann ist es Gott. Er weiß zu jeder Zeit, was du denkst. Er weiß, wonach du strebst und warum. Er kennt auch den Grund, warum du immer versuchst, andere zu beeindrucken. Er sieht dich, wenn sonst niemand da ist. Er sieht deine heuchlerische Art: wie du dich deinem/r Mann/Frau und deinen Kindern gegenüber zu Hause verhältst und dich anders verhältst, wenn Außenstehende zuschauen. Du kannst vor Gott nichts verbergen.

Er kennt die geheimen Wünsche deines Herzens. Er weiß auch, dass du dich danach sehnst, Ihn mehr zu lieben und du wirklich danach trachtest, Ihn besser zu kennen. Er weiß das, weil Er dich so geschaffen hat: Sehnsucht nach Ihm zu haben. Gott durchschaut uns, als wären wir aus Glas.

Wenn ich die Verse aus Offenbarung 3,15-16 in meinen Worten ausdrücken müsste, würden sie ungefähr so lauten:

„Laodizea, ihr seid ein wirbelloser, unnützer Haufen! Ihr wollt Gott dienen, aber wehrt euch dagegen, den Mammon aufzugeben. Ihr gebt den Zehnten, wenn es euch passt und geht Sonntag für Sonntag in die Gemeinde, damit andere eure Frömmigkeit sehen. Ihr seid so religiös und immer eifrig, eine gute Sache zu unterstützen, ihr konzentriert euch auf Menschenrechte und Toleranz, aber nicht auf Mich. Ihr sucht immer euer Glück in weltlichem Vergnügen. Und dann denkt ihr dummerweise, dass ihr Mich mit dem bisschen Zeit abspeisen könnt, die ihr noch übrig habt. Ihr seid egoistisch und wehrt euch dagegen, euch zu ändern."

Ich höre oft, wie Leute sagen: „So bin ich eben. Du kannst das akzeptieren oder lassen."

Gottes Antwort auf diese Herausforderung ist: „Ich spucke dich aus Meinem Mund!"

Gottes Botschaft ist für uns alle dieselbe wie für die Gemeinde in Laodizea: Lauwarmes Wasser ist für gar nichts gut. Kaltes Wasser kann zumindest den Durst löschen, und mit kochendheißem Wasser kann man Kaltes wärmen. Aber lauwarmes Wasser ist Verschwendung. Für Gott müssen wir kochendheiß sein. Wir sollten sogar mit Seiner Güte und Freude überkochen! Allzuoft missbilligt die Gemeinde jene, die für Jesus kochendheiß sind – diese „Jesusfreaks", die sich Ihm total hingegeben.

Nimm dich in Acht! Bei Gott gibt es keine grauen Bereiche! Er kann Heuchelei nicht ausstehen! Er nennt diese lauwarmen Christen getünchte Gräber und Giftschlangen. Gott hasst Sünde und Stolz, und Er verachtet unsere gottlose Frömmigkeit und Kritik über diejenigen, die mit dem Heiligen Geist für Gott brennen.

Das Problem mit der Gemeinde in Laodizea war, dass sie immer noch die Kontrolle über ihr Leben hatten, obwohl sie ihren Glauben bekannten, und dass Jesus am Rande ihres Lebens verweilen musste. Sie ließen sich nicht vom Geist beeinflussen. Sie reagierten nur dann auf das Wort, wenn ihnen danach war und gehorchten Gott nur dann, wenn ein wunderbares Zeichen vom Himmel kam. Sie waren mit ihrem Leben so zufrieden, dass sie nicht über Wasser gehen wollten!

Wenn auch du noch die Kontrolle über dein Leben hast und womöglich auch über das deiner Mitmenschen, dann fühlst du dich in der Gemeinde von Laodizea ganz bestimmt wie zu Hause. So viele Menschen haben ein sogenanntes „Selbstvertrauen". Ich sage dir: Die Antwort heißt nicht, an dich selbst zu glauben! Du kannst aus eigener Kraft oder eigenen Mitteln überhaupt nichts erreichen. Oder hast du das schon mal erlebt? Glaube nicht an dich selbst! Glaube an Gott. Habe Gottvertrauen! Erst dann wird dir klar, dass du *„alles vermagst in dem, der dich kräftigt"* (Philipper 4,13).

Wenn du immer noch zu dieser lauwarmen, selbstbewussten Gemeinde gehörst, dann ist die Botschaft aus Offenbarung 3,17 und 18 besonders für dich geeignet. Da steht: *„Weil du sagst: Ich bin reich und bin reich geworden und brauche nichts!, und nicht weißt, dass du der Elende und bemitleidenswert und arm und blind und bloß bist, rate ich dir, von mir im Feuer geläutertes Gold zu kaufen, damit du reich wirst; und weiße Kleider, damit du bekleidet wirst und die Schande deiner Blöße nicht offenbar werde; und Augensalbe, deine Augen zu salben, damit du siehst."*

In diesem Absatz sagt Gott diesen lauwarmen Christen genau, was sie tun sollen, um zu Ihm zurückzukehren. Er sagt ihnen, was sie von Ihm kaufen sollen, z. B. im Feuer geläutertes Gold, weiße Kleider und Wundersalbe.

Das Gold, das Er ihnen geben wird, wird sie wirklich reich machen, da es geläutert worden ist und alle Unreinheiten entfernt wurden. Wenn ich höre, wie Leute mit ihrem Besitz prahlen, tun sie mir leid, denn weltliche Güter können gestohlen oder zerstört werden. Nur das unzerstörbare Gold des Glaubens kann nie zerstört werden. Das Feuer wird es nur noch reiner machen. In 1. Petrus 1,6-7 wird es verdeutlicht: *„Darin jubelt ihr, die ihr jetzt eine kleine Zeit, wenn es nötig ist, in mancherlei Versuchungen betrübt worden seid, damit die Bewährung eures Glaubens* *viel kostbarer befunden wird als die des vergänglichen Goldes, das durch Feuer erprobt wird, zu Lob und Herrlichkeit und Ehre in der Offenbarung Jesu Christi."*

Zweitens sagt Gott ihnen, weiße Kleider zu kaufen, um ihre Blöße zu bedecken. Wenn dir das Ausmaß und die Art deiner Sünde bewusst werden, wirst du dich nackt fühlen. Nur das Blut Jesu kann deine Sünde bedecken. Du musst dich selbst mit Jesu Erlösung kleiden, damit du auch zum Hochzeitsfest gehen kannst. Anderenfalls wirst du am Tor mit „schmutziger Kleidung" zurückbleiben.

Zuletzt sollen sie von Gott eine Augensalbe kaufen, um ihr Sehvermögen wiederzuerlangen. Vor dem Unfall war ich geistlich blind, aber jetzt bin ich sehend. Der Schleier wurde weggezogen, und ich sehe Gottes Herrlichkeit, überall, wohin ich schaue.

Ich möchte Ihre Aufmerksamkeit auf einen entscheidenden Teil in diesem Vers richten. Gott sagt, sie sollen diese Dinge von Ihm kaufen. Sie müssen dafür bezahlen, aber nicht mit Geld. Der Preis für diese Dinge ist, Ihm Ihr Leben darzureichen. Obwohl Errettung kostenlos ist, ist sie nicht billig, mein Freund. Mit geistlichen Augen zu sehen, die Heiligen Kleider der Gerechtigkeit zu tragen und durch Feuer geläuterten Glauben zu haben, kostet Sie den äußersten Preis: Ihr Leben. Sonst nichts.

Ich will Ihnen heute sagen: Ich, Retha, dachte, dass ich mich um alles gekümmert hatte. Alles war unter Kontrolle, einschließlich meiner Errettung. Ich machte alles, was eine gute Christin tun sollte, bis hin zum regelmäßigen Bibellesen und Gebet. Ich lehrte sogar meine Kinder zu beten. Ich lehrte sie jedoch nie, „auf Gott zu warten", vielleicht weil ich nicht bedacht hatte, dass Er uns antworten würde.

All das änderte sich an dem Tag, als ich auf der Intensivstation stand und die Maschinen so laut waren und die Messgeräte anzeigten, dass der Druck in Aldos Gehirn ständig anstieg. Plötzlich war da nichts, was ich tun konnte. Ich konnte einfach nur dastehen: als Zeugin einer Situation, die außer Kontrolle geraten war. Da wurde mir schlagartig bewusst: Die Macht über Leben und Tod liegt in Gottes Hand allein. Ich konnte nichts dazu beitragen. Ich wäre so gerne in der Lage gewesen, etwas zu tun, irgendetwas.

Alles, was ich tun konnte, war, auf die Knie zu fallen und Gott so anzurufen, wie ich es vorher nie getan hatte. Als Er an meine Herzenstür klopfte, habe ich sie sofort geöffnet. Doch ich konnte nicht hinaufsehen, weil ich von meiner Blöße überwältigt war. Er gab mir ein weißes Gewand, Salbe für meine Augen und Glauben aus Gold. Ich schäme mich, weil ich erst nach diesem Unglück bereit war, mein Leben hinzulegen und Ihm die Tür zu öffnen.

Die Botschaft für Laodizea und jede Person, die diese Worte liest, ist sehr einfach. Entweder bist du für Mich oder gegen Mich (Matthäus 12,30). Alles ist entweder richtig oder falsch, gut oder böse. Es gibt keine grauen Bereiche. Es gibt nichts dazwischen. Dazwischen zu sein bedeutet, lauwarm zu sein: *„weder kalt noch heiß"*. Lies 2. Korinther 6,14 sorgfältig: *„... Denn welche Verbindung haben Gerechtigkeit und Gesetzlosigkeit? Oder welche Gemeinschaft Licht mit Finsternis?"* Entweder du wählst Gott oder du wählst Ihn nicht.

Gottes Stimme ruft dich auch heute noch, gerade jetzt. Er spricht zu dir, wenn Er sagt: *„Siehe, ich stehe an der Tür und klopfe an; wenn jemand meine Stimme hört und die Tür öffnet, zu dem werde ich hineingehen und mit ihm essen und er mit mir."* (Offenbarung 3,20) Möchtest du Ihm nicht sofort die Tür öffnen?

EIN BUNTES MOSAIK

Diese Reise, auf der wir unterwegs sind, oft erschöpft und nicht weiterwissend, hat mich etwas gelehrt: Es dreht sich alles um die Liebe. Wir müssen Ihn von ganzem Herzen lieben und unseren Nachbarn lieben, wie uns selbst. Liebe ist das einzige, das eine Rolle spielt.

Du kannst deine Leidenschaft für Gott nur auf eine Art beweisen, nämlich, indem du jeden Tag dein Fleisch überwindest. Trenne dich von deinem unbeugsamen Willen, der jeden kontrollieren will. Dein Wille muss sterben.

Die nächsten drei Jahre nach dem Unfall haben mich gelehrt, dass Gottes Liebe der einzige Weg ist, ein erfülltes und überfließendes Leben zu haben. Nichts in der Welt kann den Schmerz und das Leid betäuben, das wir durchmachen mussten. Gott allein hält uns aufrecht. Ich suche Ihn immer mehr. Ich habe Hunger nach Gott. Wenn jemand zu sehr in dieser Welt ist, lässt dieser Hunger nach. Wenn ich zuviel Zeit damit verbringe, nach weltlichen Dingen zu streben, bin ich wie ein Kind, das sich seinen Appetit vor der Hauptmahlzeit verdirbt. Ich musste lernen, auf die richtige Mahlzeit zu warten. Ich habe gelernt, auf Gott zu warten. Meine einseitigen Gebete haben sich verändert. Jetzt warte ich auf Gott, um zu hören, was Er zu sagen hat. Wenn man zu dem lebendigen Gott eine Liebesbeziehung hat, bedeutet das, dass Kommunikation nicht wie bei einem Schnellimbiss funktioniert. Wenn ich auf Gott warte, folgen immer Offenbarungen, Kraft und Salbung.

Mein einziger Anker ist Gottes Wort. Das ist die Wahrheit. Ihm zu dienen ist Weisheit. Nähre dich mit dem Wort.

Der Ausdruck „mehr wie Christus sein" war früher für mich ohne Bedeutung. Jetzt ist es das, was ich mir am meisten wünsche. Je mehr Zeit ich in Seiner Gegenwart verbringe, desto mehr möchte ich so sein wie Er. Ich möchte Ihn widerspiegeln. 2. Korinther 3,18 wiederholt das: *„Wir alle aber schauen mit aufgedecktem Angesicht die Herrlichkeit des Herrn an und werden so verwandelt in dasselbe Bild von Herrlichkeit zu Herrlichkeit, wie es vom Herrn, dem Geist, geschieht."*

Ich musste Ihm jede Kontrolle überlassen. Ich akzeptiere und bekenne, dass Aldos Zukunft in Gottes Hand liegt. Ich glaube, dass Er nur wunderbare Pläne mit uns hat.

Mein Geist fing Feuer, als ich Gott näherkam: *Denn auch unser Gott „ist ein verzehrendes Feuer"* (Hebräer 12,29).

Oft fragen mich Leute, wie Aldo Gottes Stimme hört. Aldo gab mir nur eine Schriftstelle, als ich ihm die gleiche Frage stellte.

hamunip 12

„Lies 4. Mose 12,6-8, Mami", sagte er.

„... Wenn ein Prophet des HERRN unter euch ist, dem will ich mich in einer Erscheinung zu erkennen geben, im Traum will ich mit ihm reden. So steht es nicht mit meinem Knecht Mose. Er ist treu in meinem ganzen Haus; mit ihm rede ich von Mund zu Mund, im Sehen und nicht in Rätselworten, und die Gestalt des HERRN schaut er. Warum habt ihr euch nicht gefürchtet, gegen meinen Knecht, gegen Mose, zu reden?" In diesem Vers wurde Miriam, Moses Schwester, vom Herrn gerügt, weil sie Mose einen Vorwurf machte. Sie wollte wissen, warum Gott direkt zu Mose

sprach und nicht zu den Anderen. Gott stellt klar, dass Er Sich aussucht, mit wem Er spricht. Und er hat sich ausgesucht, mit Aldo zu sprechen. Menschen sind bei solchen Wundern oft skeptisch, aber vielleicht ist auch das ein weiteres Zeichen, dass Gott ein einfaches Kind benutzt, um die zu lehren, die sich selber für weise halten.

Der Heilige Geist erinnerte mich daran, dass die Jünger, die mit Jesus unterwegs waren und Seine Wunder gesehen hatten, trotzdem zweifelten. Ich vermute, dass einige Menschen eben zweifeln wollen, während andere glauben wollen. Es ist mein Gebet, dass der Geist der Wahrheit den Lesern dieses Buches das aufschließt, was ihnen seltsam erscheint.

Ich bin dankbar, dass ich die seltene Gelegenheit habe, das übernatürliche Wesen Gottes täglich erleben zu dürfen. Obwohl Er uns durch das reinigende Feuer gehen ließ, hat Er uns auch in der Wärme Seiner Liebe und Seines Schutzes eingehüllt. Es wäre für uns unmöglich, in dieser dunklen Welt ohne dem Feuer zu leben, das nun in uns brennt. Sein Feuer ist ein Licht, das die kalte Dunkelheit dieser Welt zerstört.

Ich appelliere an Sie, Gottes Feuer zu suchen, mit allem, was in Ihnen ist. Er möchte Ihnen Sein Feuer geben. Glauben Sie mir, es gibt viel mehr für Sie, als Sie sich je hätten träumen lassen.

Ich preise Gott! Er hat die zerbrochenen Scherben genommen und daraus ein schönes und buntes Mosaik erschaffen.

Herr, ich möchte in Deinem Licht leben.
Du bist die Liebe meines Lebens und meine erste Liebe.

Autorin und Referentin Retha Mc Pherson ist auch die Gründerin von Retha Mc Pherson Ministries. Sie reist als Botschafterin für das Königreich Gottes durch die ganze Welt, um das Evangelium von Jesus Christus zu predigen.

Der Unfall im Jahre 2004 hat einige Ereignisse in Bewegung gesetzt, die das Leben ihrer Familie für immer verändern würden. Retha reduzierte ihren Einsatz in ihrem Beruf und verbrachte immer mehr Zeit damit zu dienen. Seit 2008 ist sie vollzeitlich im christlichen Dienst.

Retha McPherson Ministries befindet sich in Hartebeespoort, Südafrika. Wenn Sie den Dienst kontaktieren möchten, wenden Sie sich bitte an folgende Webseite:

www.rethamcpherson.com
Tel: +27(0)826105757
E-mail: officer@lantic.net

Adresse:
Retha Mc Pherson Ministries
PO Box 793
Hartebeespoort, 0216,
South Africa

Wir freuen uns darauf, von Ihnen zu hören!

Besuchen Sie die Mc Phersons online!

- Halten Sie sich auf dem Laufenden und lesen Sie die wöchentlichen Newsletter von Retha und die neueste Briefe von Aldo.
- Bestellen Sie die DVD mit ihrem Zeugnis und andere ähnliche Produkte.
- Laden Sie Retha ein, bei Ihrer Veranstaltung zu reden.
- Werden Sie unsere Partner, um „Eine Nachricht von Gott" in der ganzen Welt bekannt zu machen, damit Leben verändert und Herzen für den König der Könige, Jesus von Nazareth, gewonnen werden.

www.rethamcpherson.com

Hildegard Schneider
Dem Bräutigam entgegen

Der Geist und die Braut sprechen „Komm!“

[Paperback] media!worldwidewings

Best.Nr.: 889052, ISBN: 3-9809297-2-8, 140 Seiten · € 9,95

Der Bräutigam Jesus erwartet seine Braut, die Gemeinde. Dieses Buch greift biblische Aussagen über die Gemeinde Christi auf mit einem erstaunlichen Ergebnis: Jesus möchte sich als Bräutigam offenbaren. Er möchte der Liebhaber unserer Seele sein und sehnt sich danach, dass wir ihn in der Vielseitigkeit seines Wesens kennenlernen. Dieses ist brandaktuell in einer Zeit, in der der Heilige Geist, unser Brautwerber, wie nie zuvor um die Braut Christi wirbt.